Arbeitsheft Fördern
Sprache • Lesen

von
Dr. Rüdiger Urbanek

Ursula Brinkmann
Karen Gronau
Gabriele Müller
Anke Müller-Vaupel

illustriert von
Eva Czerwenka, Tobias Krejtschi,
Vera Schmidt, Anke Sebening,
Ingrid Sissung, Christa Unzner

Deine **interaktiven Gratis-Übungen** findest du hier:

1. Gehe auf scook.de.
2. Gib den unten stehenden Zugangscode in die Box ein.
3. Hab viel Spaß mit deinen Gratis-Übungen.

Dein Zugangscode auf
www.scook.de | 7ks7y-aoe92

Cornelsen

Inhaltsverzeichnis

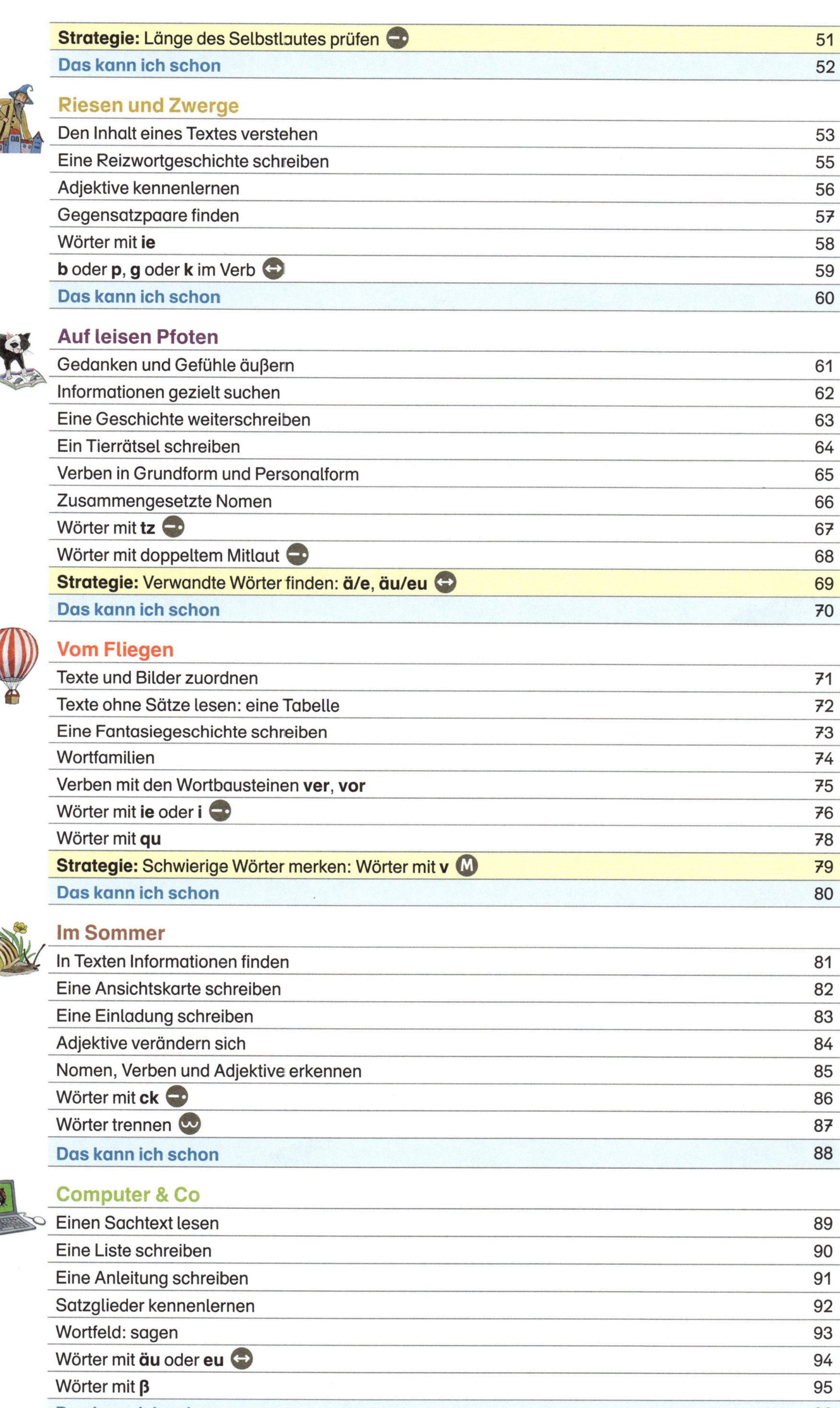

Das kann ich schon aus der 1. Klasse

Wörter lesen

1 Lies und verbinde.

Hose

Oma

Hase

Nest

Lena

Rose

Wörter schreiben

2 Schreibe.

Diese Seite fand ich:
○ leicht ○ mittel ○ schwer

Die Schule beginnt

Einen Text vorlesen

1 Lies.

2 Verbinde.

Ich putze.

Ich schreibe.

Ich helfe.

3 Lies vor.

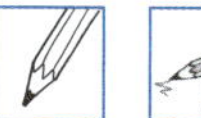
Schreibe oder male.
Wer arbeitet noch in deiner Schule?

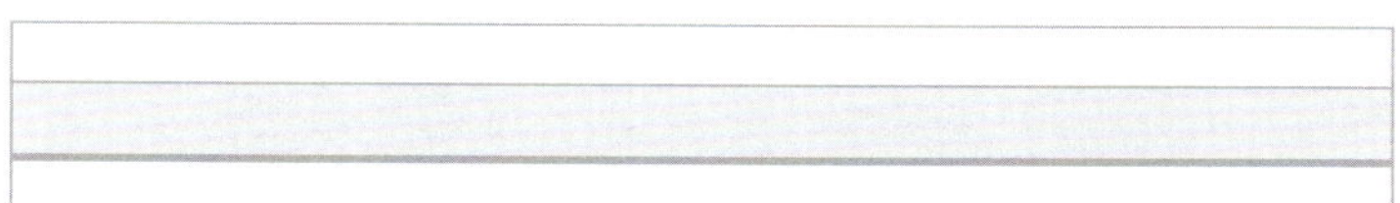

Fragen zum Text beantworten

  Lies.

Das bin ich

Ich heiße **Frau Kästner**.

Ich leite **die Schule**.

Ich mache den Stundenplan.

Ich liebe **Musik**.

  Schreibe.

- Wie heiße ich?

- Was leite ich?

- Was liebe ich?

  Schreibe.
Wer leitet deine Schule?

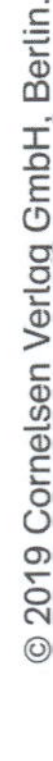

BB S. 11, BO S. 10

Einen Text nach einem Beispiel schreiben

1 Lies und verbinde.

Anspitzer

Lineal

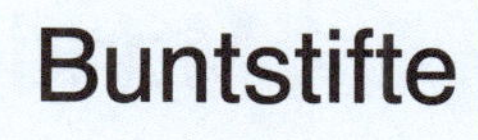

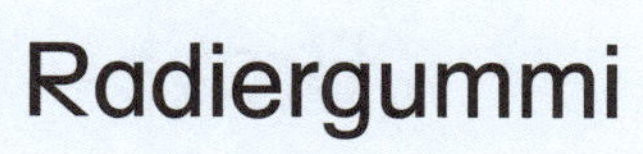

2 Lies und schreibe.

~~grün~~ • Buntstifte • rot • weiß • Lineal

Mein Etui ist grün.

Ich habe zehn __________.

Mein Anspitzer ist __________.

Mein Radiergummi ist __________.

Ich habe auch ein __________.

Male dein Etui.

Einen Text nach einem Beispiel schreiben

1 Lies und verbinde.

Deckel

Fach

Brot

Mandarine

2 Lies und schreibe.

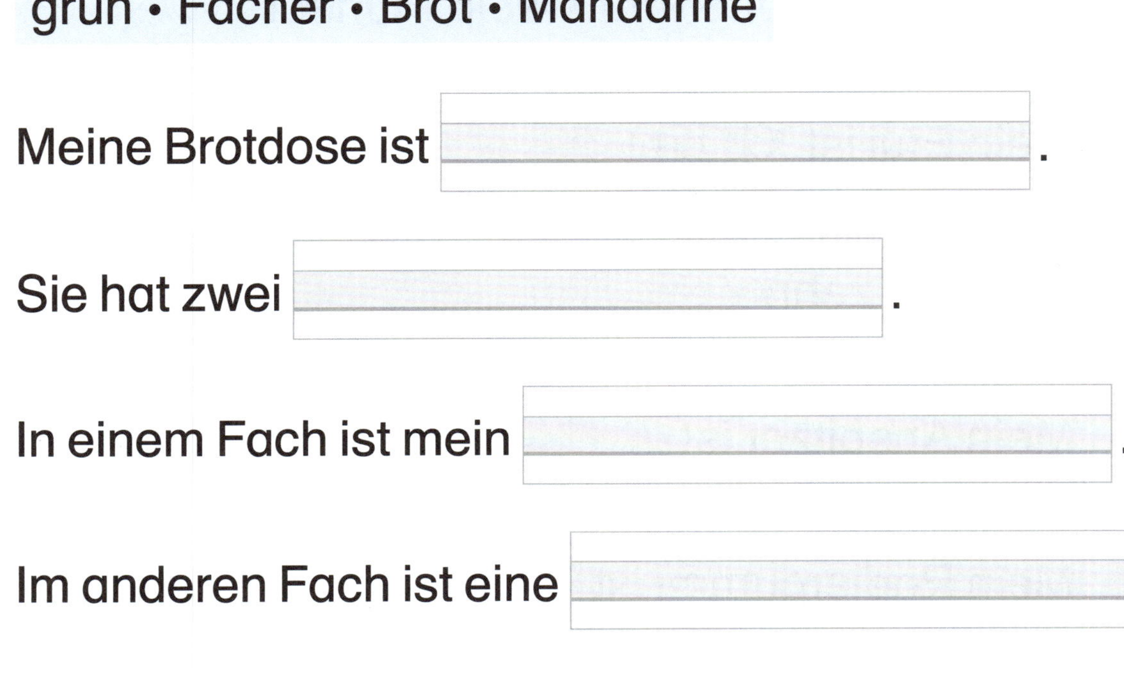

grün • Fächer • Brot • Mandarine

Meine Brotdose ist ______________ .

Sie hat zwei ______________ .

In einem Fach ist mein ______________ .

Im anderen Fach ist eine ______________ .

Schreibe zwei Sätze ab.

Nomen kennenlernen 

1  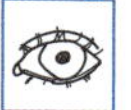 Lies und suche die Bilder.

Bus • Vogel • Junge • Blume • Ampel • Lineal •
Gras • ~~Mädchen~~

2  Schreibe die Nomen.

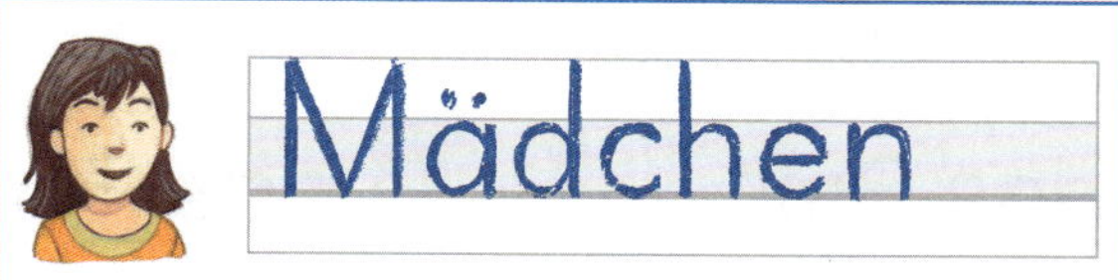

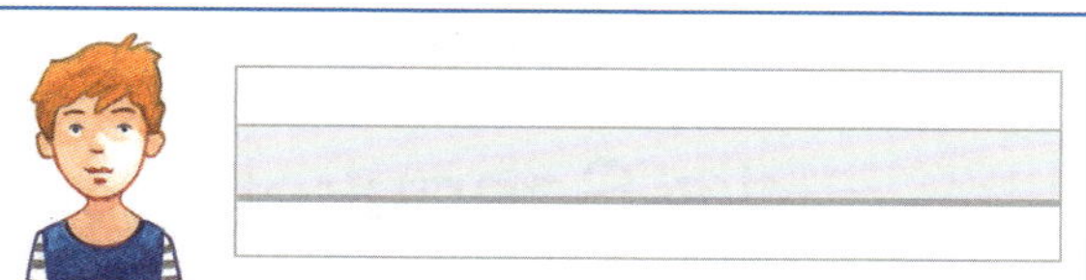

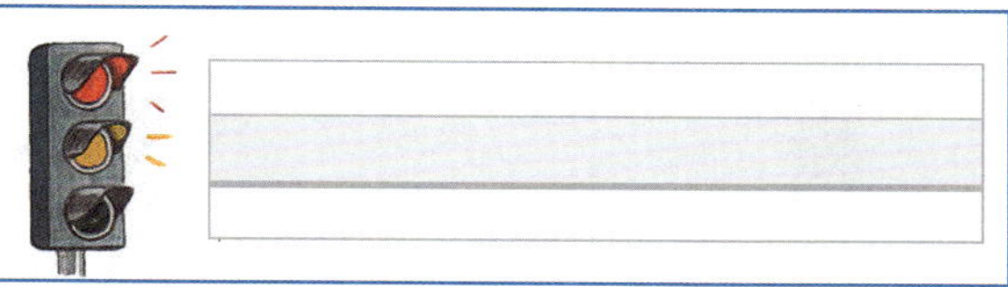

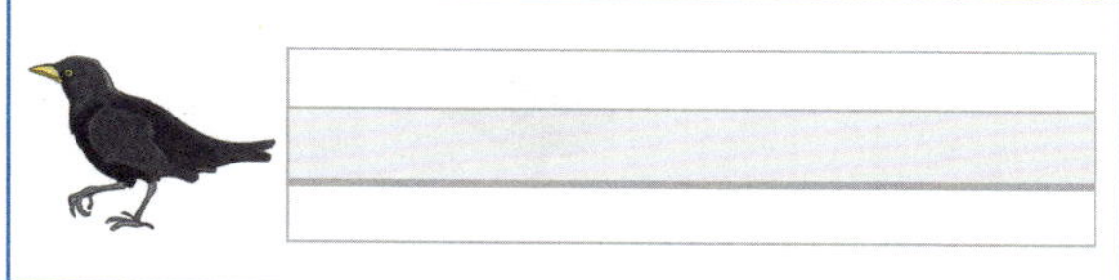

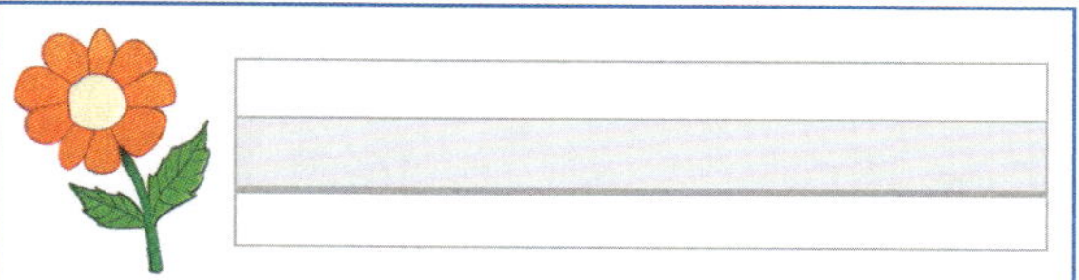

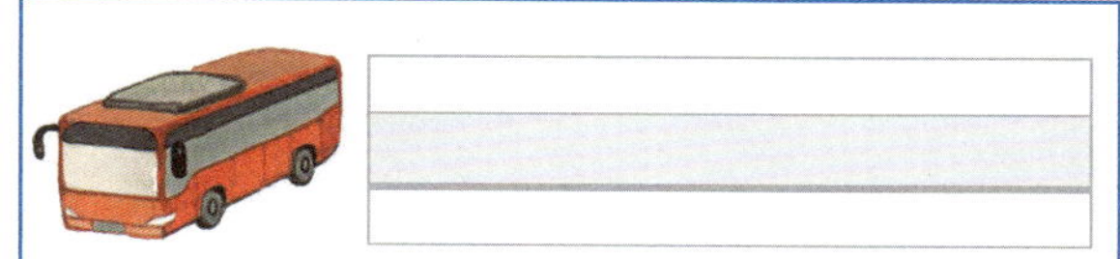

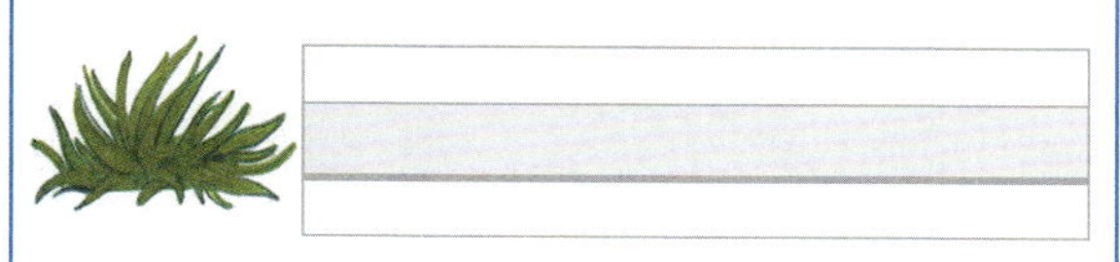

3  Verbinde.

Igel	Mensch	Ampel
Kind	Tier	Gras
Buch	Pflanze	Hund
Baum	Ding	Polizist

Bestimmte Artikel 

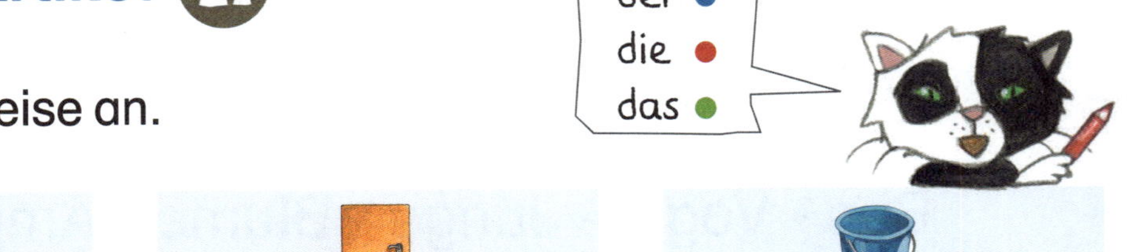

  Male die Kreise an.

das Buch

die Tür

der Eimer

die Schaukel

das Seil

das Regal

der Baum

die Ampel

der Vogel

  Schreibe die Nomen.

das Buch,

BB S. 15, BO S. 14

Das ABC

1 Lies das ABC.

A B C D E F G H I J K L M N O P Q R S T U V W X Y Z

a b c d e f g h i j k l m n o p q r s t u v w x y z

2 Schreibe die fehlenden Buchstaben.

Schreibe das Lösungswort.

ABCDE ₄ F GHIJK ₃ ___ MN ₂ ___ PQRSTUV ₁ ___ XYZ

₁ ___ ₂ ___ ₃ ___ ₄ F

3 Schreibe das ABC mit kleinen Buchstaben.

a	b	c										

4 Verbinde in der richtigen Reihenfolge.

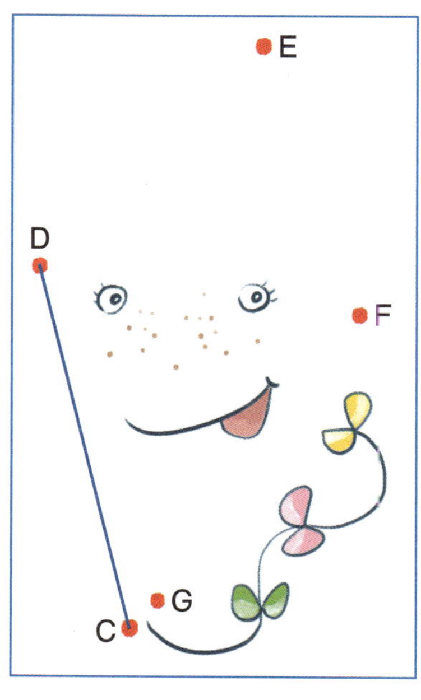

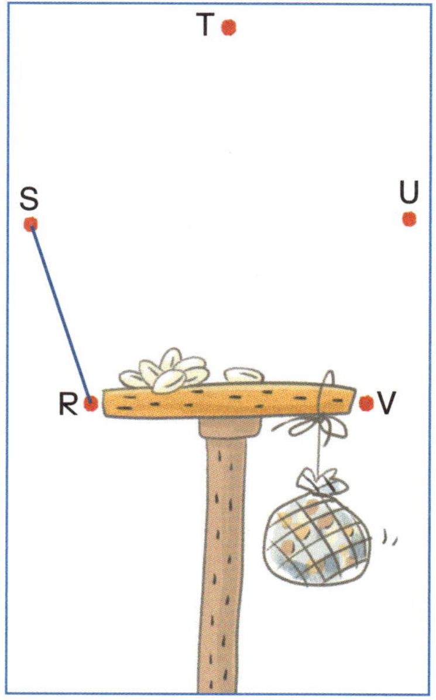

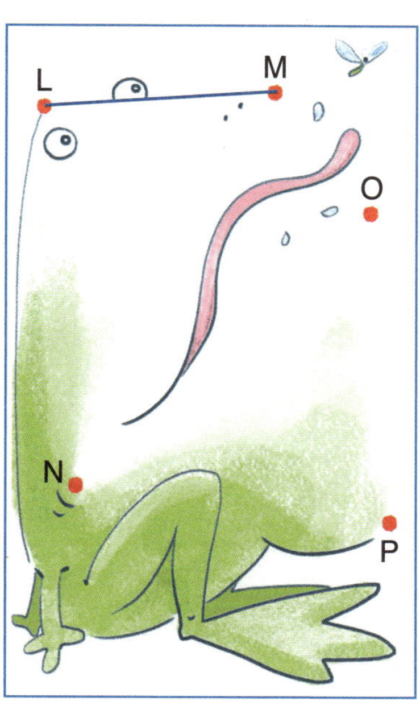

Selbstlaute und Mitlaute

1 Schreibe die Selbstlaute.

A	B	C	D		F	G	H		J	K	L	M
N		P	Q	R	S	T		V	W	X	Y	Z

2 Schreibe die Mitlaute.

a	b	c		e				i				
	o						u					

3 Schreibe die Selbstlaute.
Schreibe die Wörter.

F i sch

Fisch

Z __ br __

H __ s __

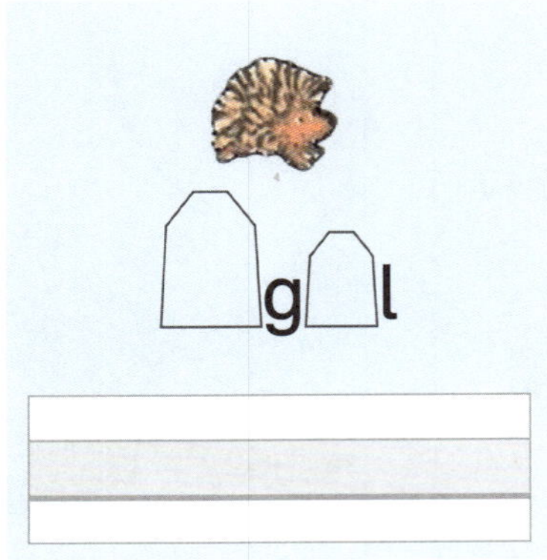

__ g __ l

Sch __ f

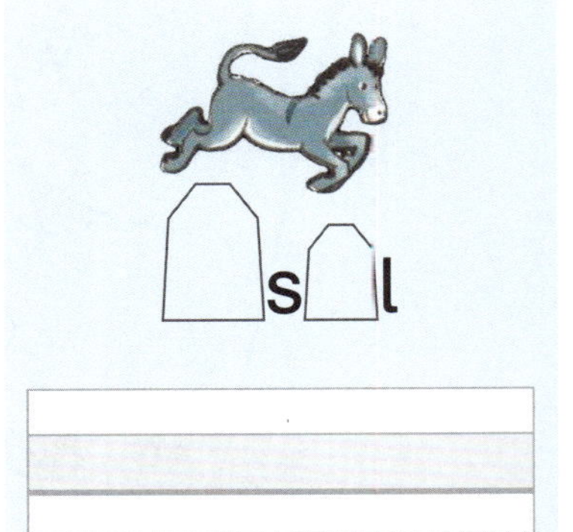

__ s __ l

BB S. 17, BO S. 16

Nomen und Satzanfänge großschreiben

Groß/klein?

Nomen schreibst du groß.

 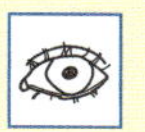  Schau und sprich.

 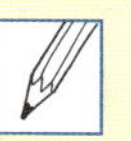  Schreibe die Nomen und markiere.

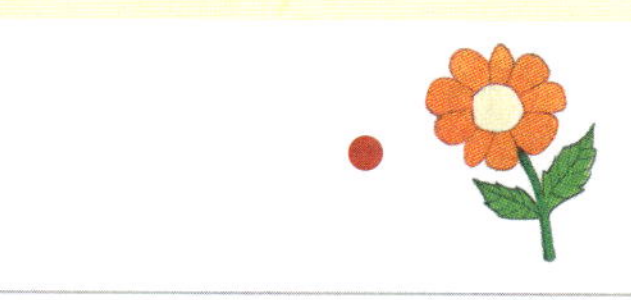

Satzanfänge schreibst du groß.

 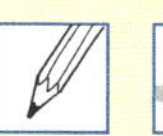  Schreibe die Sätze und markiere.

Es ist Pause.

Die Kinder spielen Ball.

Im Tor ist Lena.

Das kann ich schon

Nomen kennenlernen

1 Verbinde.

Baum	Mensch	Fisch
Regal	Tier	Junge
Katze	Pflanze	Auto
Mädchen	Ding	Blume

Selbstlaute und Mitlaute

2 Schreibe die Selbstlaute.
Schreibe die Wörter.

_mp_l

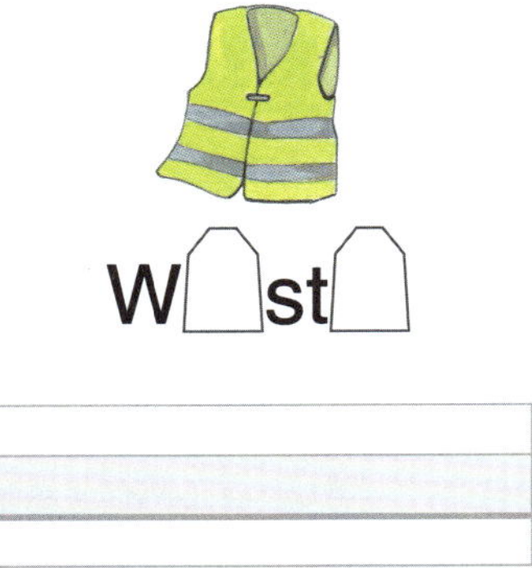

W_st_

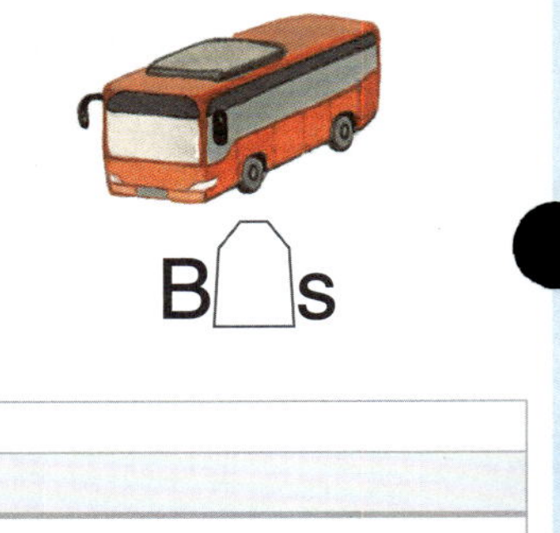

B_s

Sch_ld

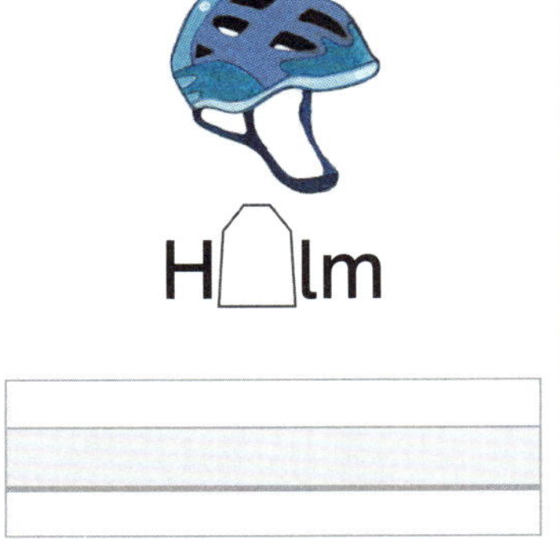

H_lm

Sch_l_

Diese Seite fand ich:
O leicht O mittel O schwer

Auf dem Markt

Ein Gedicht lesen und vortragen

1 Lies das Gedicht.

Schreibe die Reimwörter.

Baum • Mund • Zweigen • Blatt

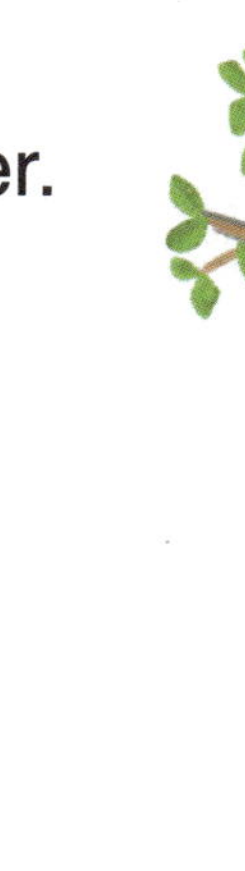

Hoch oben

Der Apfel ist ein Traum,

er hängt ganz hoch im B________.

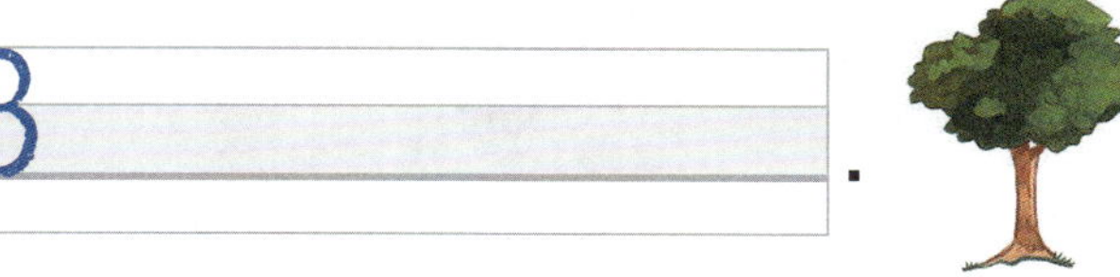

Er ist rot, er ist rund.

Komm schnell in meinen ________.

Nun möchte ich steigen

zu den hohen ________.

Der Apfel ist ganz glatt,

und grün ist jedes ________.

2 Sprich einen Reim auswendig.

Genau lesen

1   Schau und lies.

2   Was passt? Markiere.

3   Schreibe.

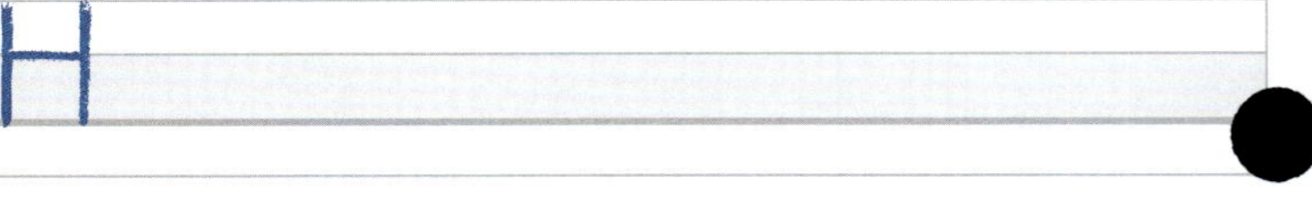

Brot • Honig • Melone • Salat

H

Blumen • Saft • Wurst • Käse

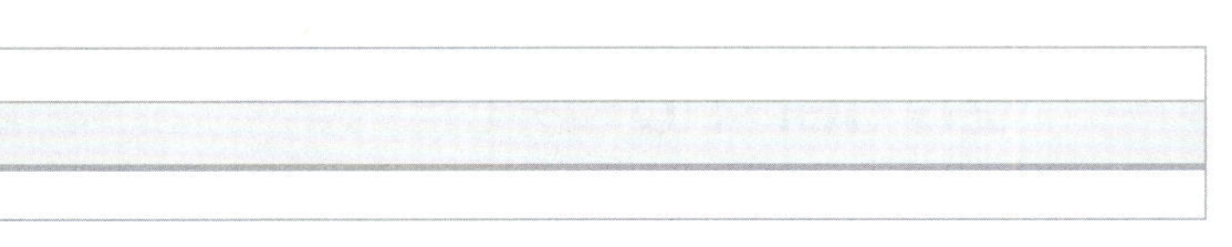

Eis • Kartoffel • Saft • Suppe

Fisch • Eier • Fleisch • Gurke

BB S. 27, BO S. 26

Ein Rezept aufschreiben

  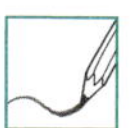 Lies und verbinde.

Apfelmus

Du brauchst:

Äpfel | Zitrone | Zimt | Zucker | Wasser

   Schau und lies.

  Schreibe.

So geht es:

schälen

1 Wir 

die Äpfel.
Wir schneiden sie klein.

schütten

2 Wir ______ die Äpfel in den Topf.

geben

3 Wir ______ Wasser und Zitronensaft in den Topf.

kochen

4 Wir ______ und rühren.

probieren

5 Wir ______.
Hmmm, lecker!

Einzahl und Mehrzahl

1 Einzahl oder Mehrzahl?

  Lies und kreuze an.

Zwiebel

- [x] Einzahl
- [ ] Mehrzahl

Möhren

- [ ] Einzahl
- [ ] Mehrzahl

Paprika

- [ ] Einzahl
- [ ] Mehrzahl

Bohnen

- [ ] Einzahl
- [ ] Mehrzahl

Salat

- [ ] Einzahl
- [ ] Mehrzahl

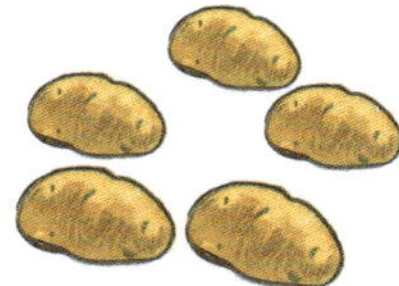

Kartoffeln

- [ ] Einzahl
- [ ] Mehrzahl

 **2** 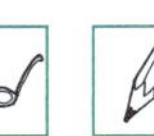  Lies und schreibe die Einzahl.

Einzahl	Mehrzahl
eine Tomate	viele Tomaten
eine	viele Gurken
eine	viele Rüben
eine	viele Erbsen

BB S. 30, BO S. 29/30

Großschreibung am Satzanfang 

1 Lies.

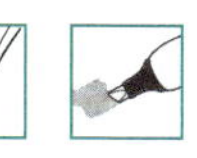

2 Schreibe ab und markiere.

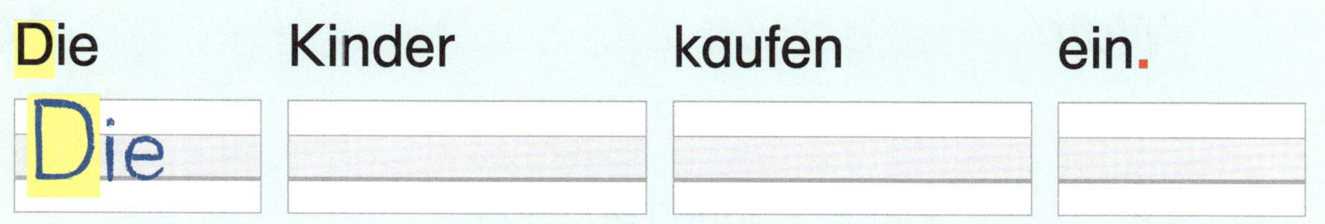

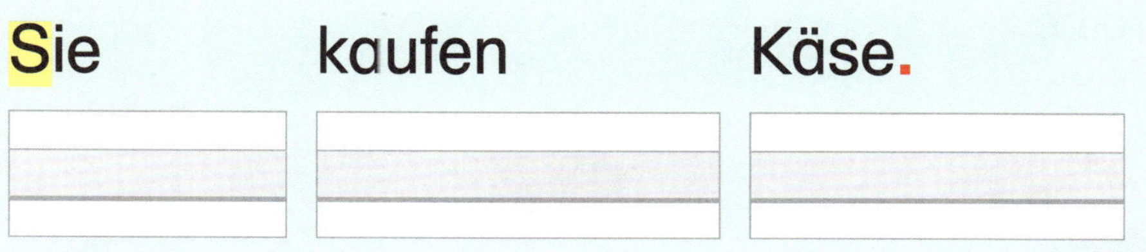

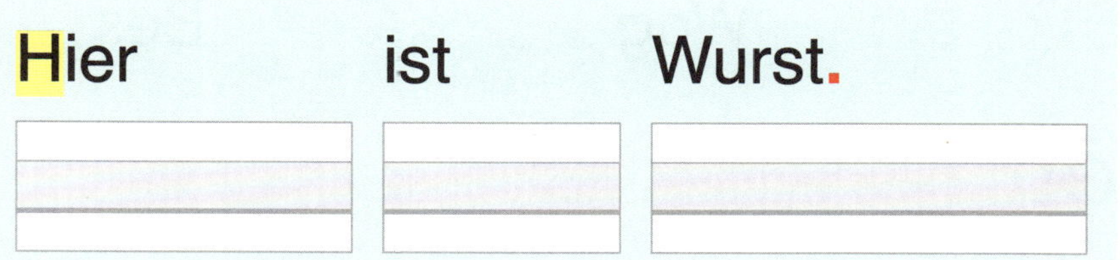

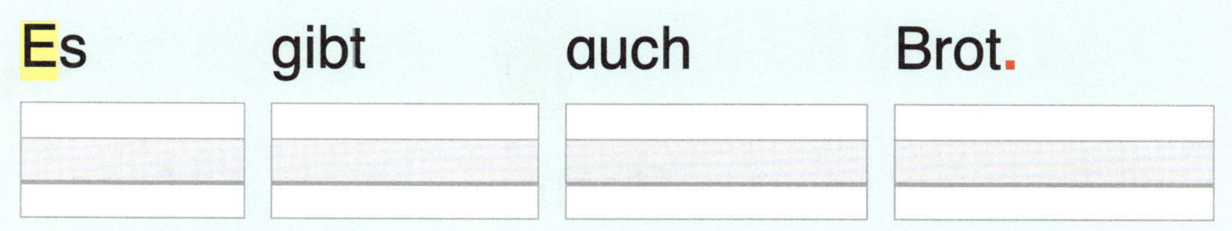

3 Was ist falsch? Schreibe richtig.

sie teilen eine Waffel

Satzanfang:
Großschreibung
Satzende:
Punkt

Wörter mit el, en, er am Ende

1   Schreibe und verbinde.

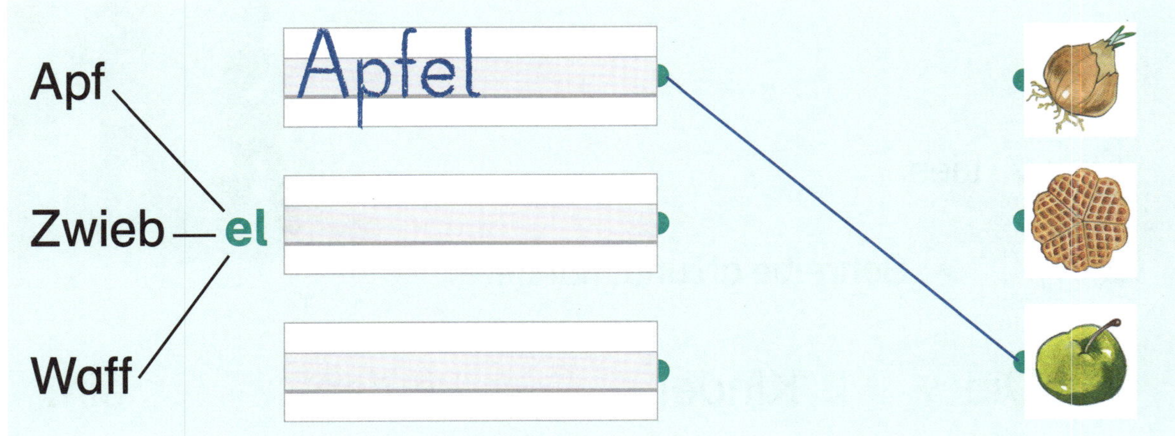

2  **en** oder **er**? Sprich und höre.

3 Schreibe.

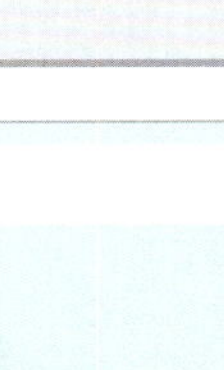

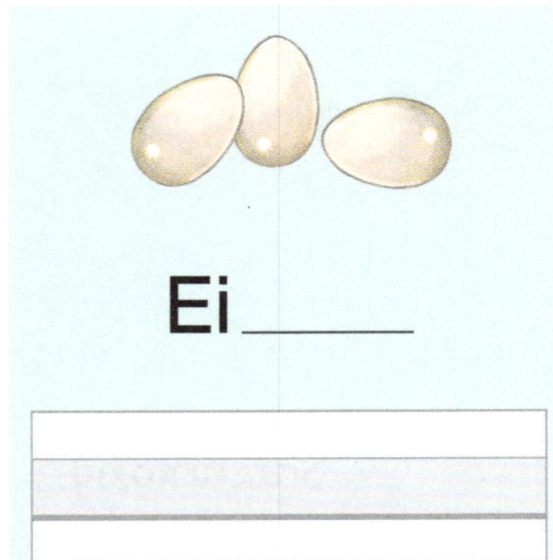

 Spiele mit einem Partnerkind das Spiel „Ich sehe was, was du nicht siehst".

Ich sehe was, was du nicht siehst, und das ist ganz scharf.

BB S. 32, BO S. 33

Wörter mit sp oder st

  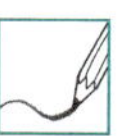 Schreibe und verbinde.

2 Sp oder St? Sprich und höre.

3 Schreibe.

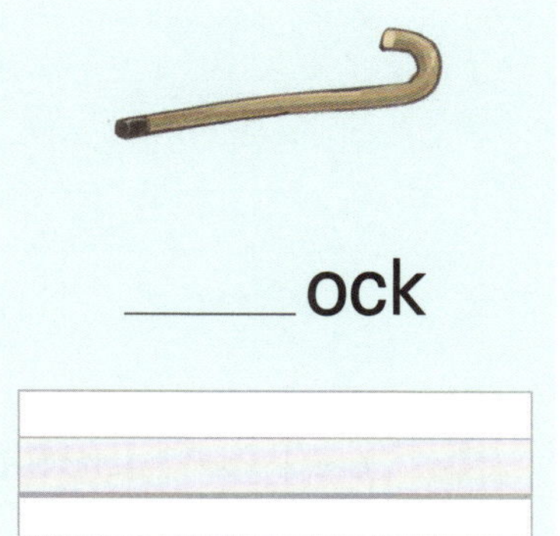

Wörter mit ch

1 Schau und sprich deutlich.

2 Lies und verbinde.

3 Markiere ch oder ch.

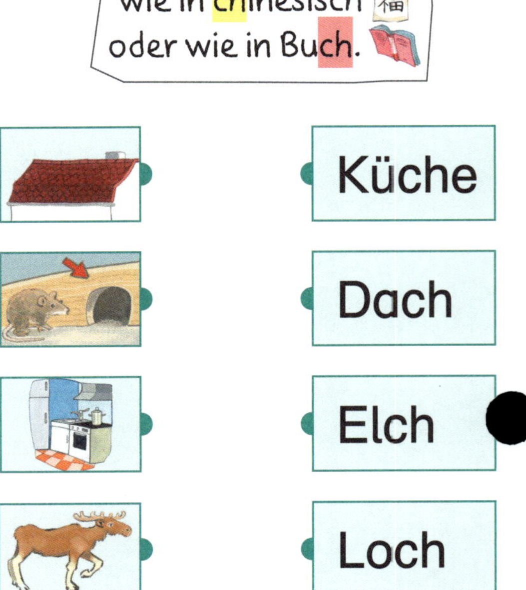

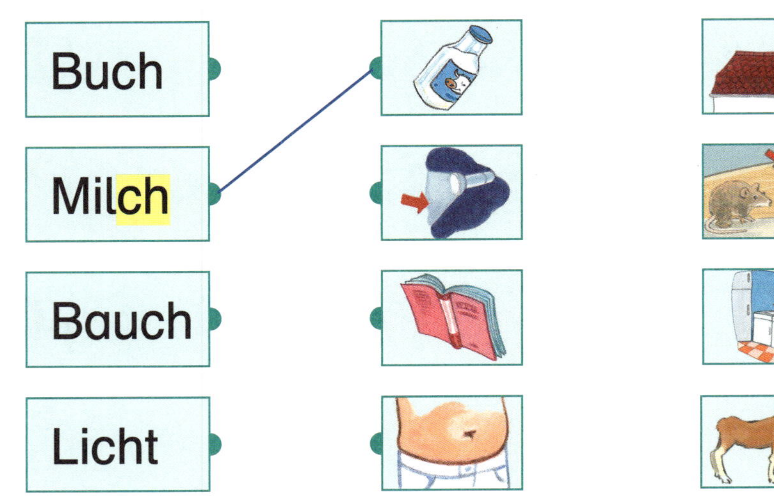

4 Schreibe die Wörter in die Tabelle.

5 Lies und markiere ch oder ch.

ich • acht • nicht • wach • euch • noch

Wörter in Silben gliedern und abhören

Hör genau!

1 Flüstere ganz langsam. Hör genau.

2 Schreibe und setze Silbenbögen.

3 Markiere die Selbstlaute.

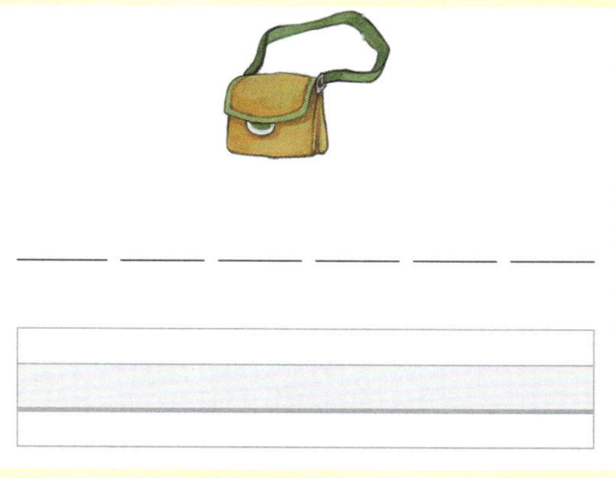

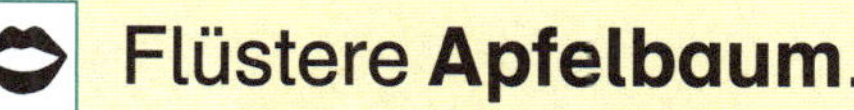

Flüstere **Apfelbaum**.

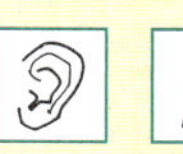

Wie viele Laute hörst du?

Das kann ich schon

Wörter mit el, en, er am Ende
Wörter mit st oder sp
Wörter mit ch

Sprich dir das Wort erst deutlich vor.

 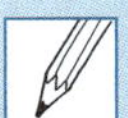 Schreibe.

en oder **er**

 Käf____	 Reg____

Sp oder **St**

 ____ort	 ____ern

ch oder **ch**

 Gesi____t	 Bu____

Großschreibung am Satzanfang

2 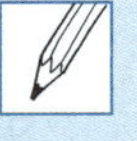  Schreibe ab und markiere.

Heute kocht Lenas Vater.

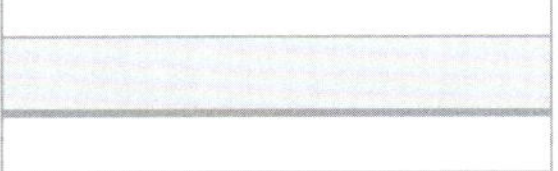 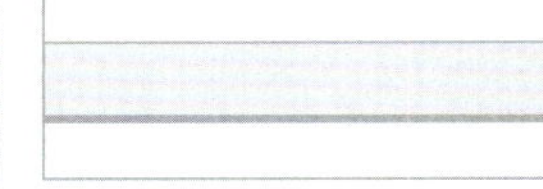

Es gibt Würstchen.

Diese Seite fand ich:
○ leicht ○ mittel ○ schwer

Meine Familie

Ein Gespräch vorlesen

  Lies leise.

Keine Zeit

Tom fragt Papa.

Liest du mir vor?

Ich habe keine Zeit.

Tom fragt Mama.

Liest du mir vor?

Ich habe keine Zeit.

Tom fragt Oma.

Liest du mir vor?

Ich habe keine Zeit.

Tom liest Mia vor.

Es war einmal …

Mia lulalula.
Mia lalulalu.

  2 Lies mit zwei anderen Kindern.

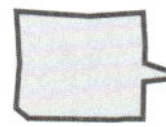 Erzähler oder Erzählerin

 Tom

 Papa, Mama, Oma, Mia

Informationen im Text finden

1 Schau und lies.

2 Verbinde und schreibe.

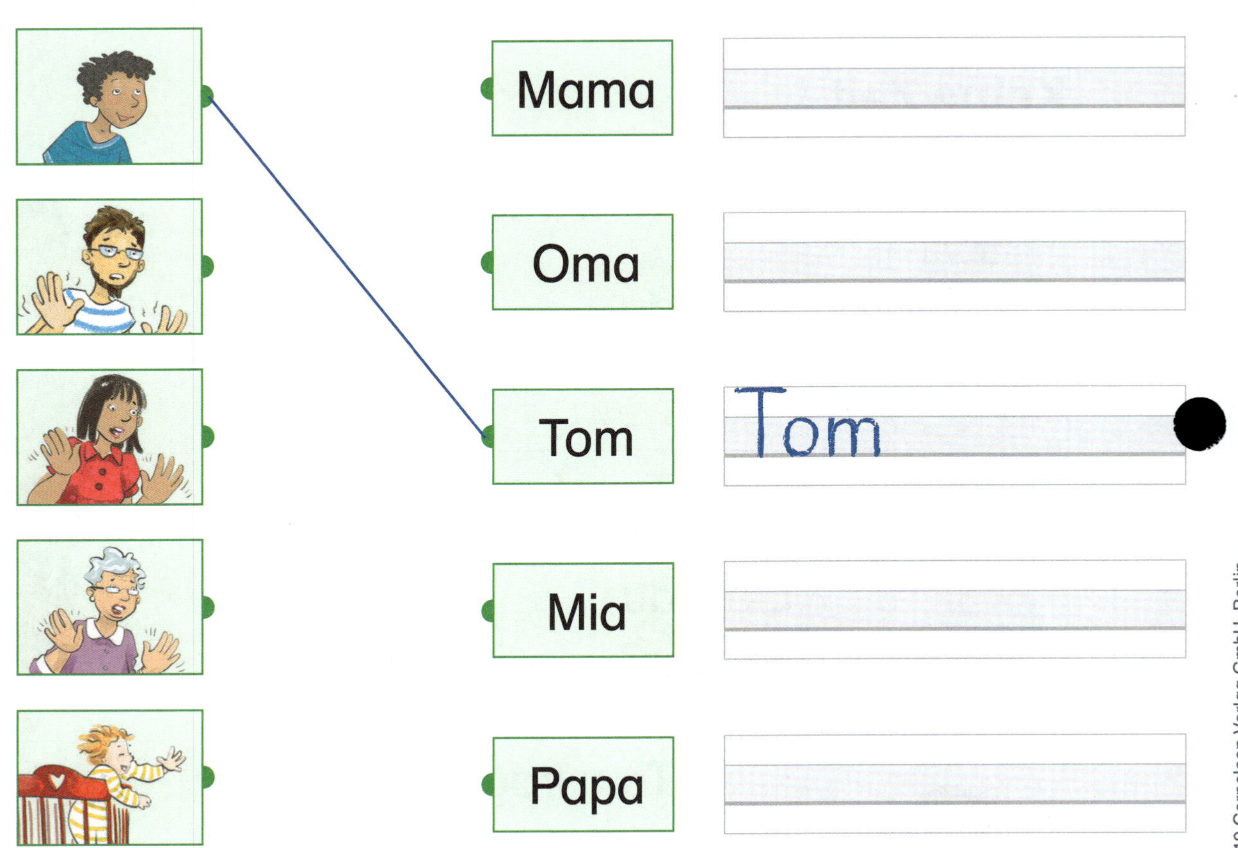

  Kreuze an.

Wen fragt Tom zuerst?

- [x] seinen Papa
- [ ] seine Mama
- [ ] seine Oma

Was sagt die Mama?

- [ ] „Ich habe viel Zeit."
- [ ] „Ich habe Hunger."
- [ ] „Ich habe keine Zeit."

Was macht Tom?

- [ ] Tom liest vor.
- [ ] Tom sieht fern.
- [ ] Tom geht spielen.

Wer lacht?

- [ ] Papa
- [ ] Mia
- [ ] Oma

BB S. 45, BO S. 46

Um etwas bitten

1 Schau und lies.

2 Wer möchte was? Verbinde.

3 Wer ist **unhöflich**? Schreibe.

Schreibe eine **höfliche** Bitte ab.

Über sich und andere schreiben

1  Lies.

Oma heißt Renate.
Oma ist 59 Jahre alt.
Oma hat graue Haare.
Oma hat braune Augen.
Mit Oma spiele ich
Karten.

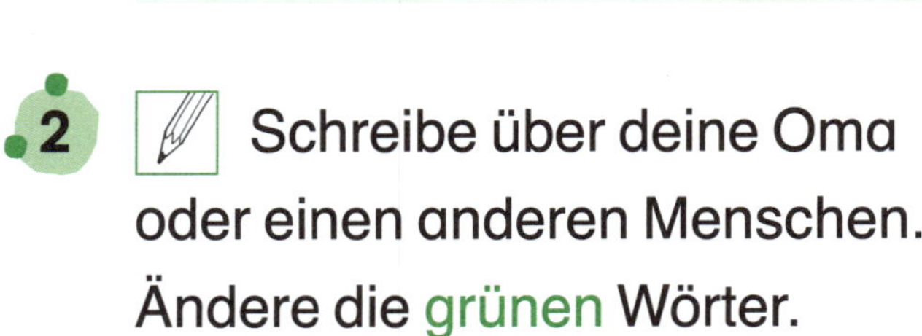

2 Schreibe über deine Oma
oder einen anderen Menschen.
Ändere die grünen Wörter.

_____ heißt _____.

_____ ist _____ Jahre alt.

_____ hat _____.

_____ hat _____.

Mit _____ spiele ich

_____.

  Male in den Rahmen.

Aussagesätze

  Lies.

  Markiere den ersten Buchstaben.

 Mache nach jedem Satz einen Punkt.

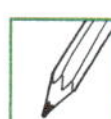 Schreibe ab.

Jonas erzählt

Mein Papa kocht.

Mein Papa kocht.

Er nimmt Gewürze

Die sind aus Afrika

Es riecht gut

Es schmeckt gut

Ich freue mich

Fragen, Ausrufe, Aufforderungen

1 Lies mit einem Partnerkind.

2 Setze ? oder ! ein.

3 Schreibe zwei oder drei Fragen ab.

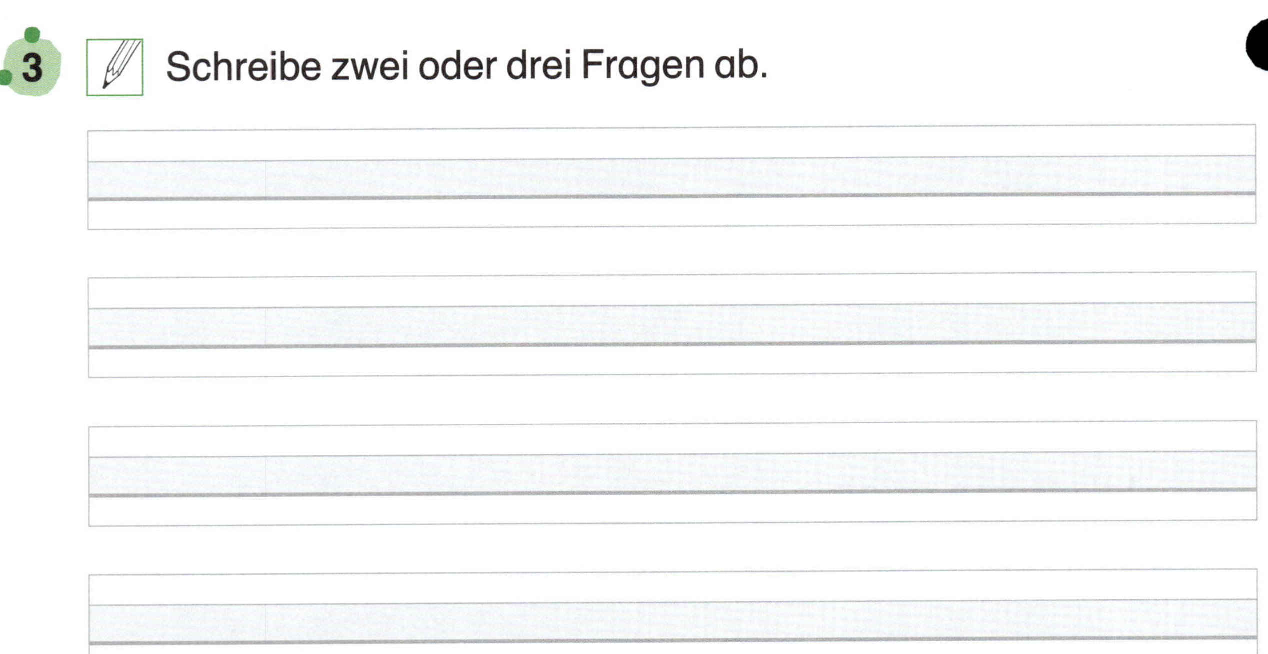

BB S. 51, BO S. 52

Wörter mit pf

1 Lies und verbinde.

2 Markiere **Pf** und **pf** und schreibe ab.

Decke das Wort vor dem Schreiben zu.

Pflaume

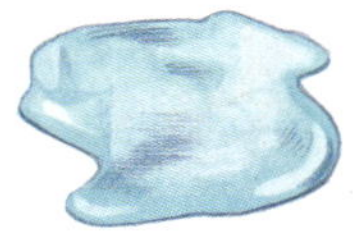

Pferd

Pfütze

Tropfen

Apfel

Zopf

Knopf

Strumpf

BB S. 52, BO S. 53

Wörter mit pf

3 Schau und sprich.

4 Markiere **Pf** und **pf** und schreibe.

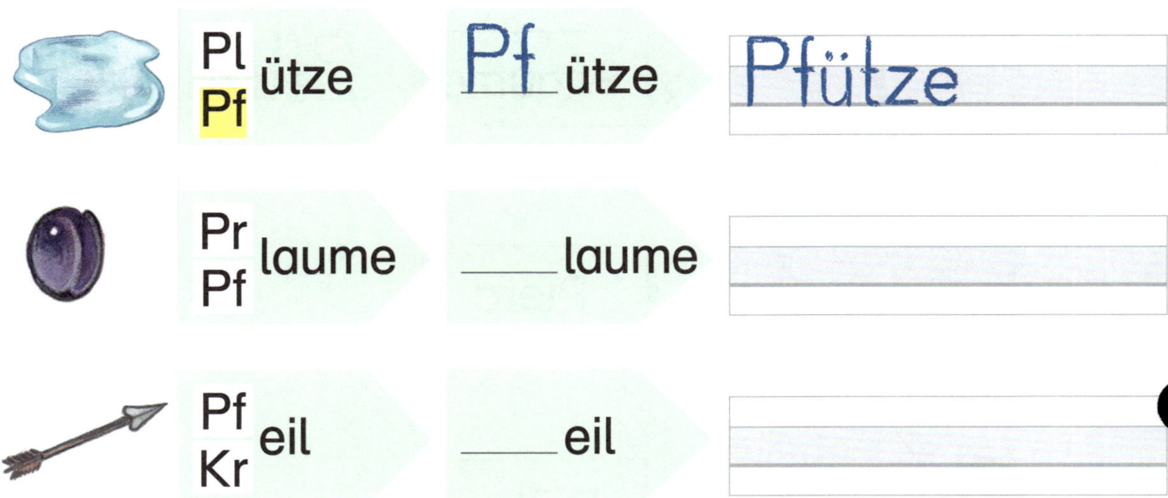

Auswahl		Lücke	Wort
Pl / Pf	ütze	Pf ütze	Pfütze
Pr / Pf	laume	___ laume	
Pf / Kr	eil	___ eil	
Kam	pf / pl	Kam ___	

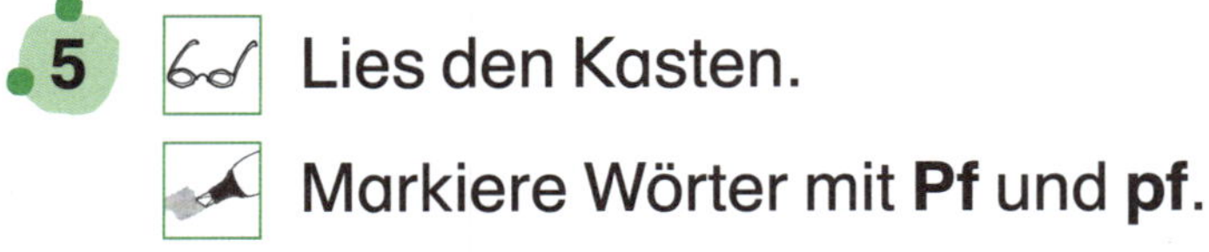

5 Lies den Kasten.

Markiere Wörter mit **Pf** und **pf**.

6 Suche und schreibe ab:
zwei Wörter mit **Pf**, zwei Wörter mit **pf**

Pf Pfanne

Pf

pf

pf

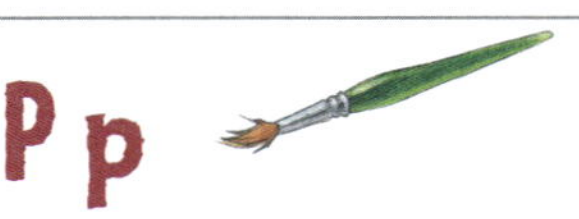

P p

- das **Pa|pier,** die Pa|pie|re
- die **Pfan|ne,** die Pfan|nen
- das **Pferd,** die Pfer|de
- die **Pflan|ze,** die Pflan|zen
  pflan|zen, er pflanzt
- die **Pflau|me,** die Pflau|men
  pfle|gen, er pflegt
  pflü|cken, sie pflückt
- die **Pfüt|ze,** die Pfüt|zen
  pi|ken, es pikt
- der **Pi|lot,** die Pi|lo|ten
- die **Pi|lo|tin,** die Pi|lo|tin|nen
- der **Pin|sel,** die Pin|sel

BB S. 52, BO S. 53

Wörter mit ä oder ö oder ü 

 1 Lies und markiere **ä**, **ö** und **ü**.

Der böse Drache lächelte über den Königssohn.

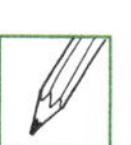  2 Schreibe und markiere.

Aus a wird ä

- 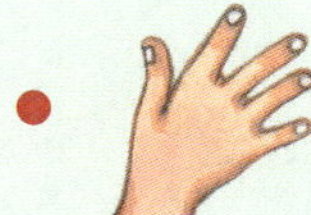 eine **Hand** – viele 
-  eine **Wand** – viele

Aus o wird ö

-  ein **Kopf** – viele
-  ein **Topf** – viele

Aus u wird ü

-  ein **Turm** – viele 
- 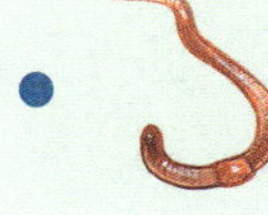 ein **Wurm** – viele 

Das kann ich schon

Wörter mit ä oder ö oder ü

 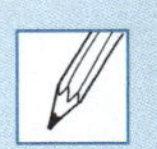  Schreibe und markiere.

Aus a wird ä

 eine **Wand** – viele ____________

 ein **Strand** – viele ____________

Aus o wird ö

 ein **Topf** – viele ____________

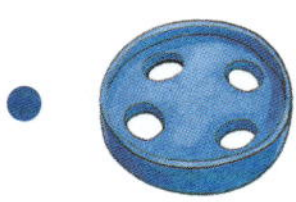 ein **Knopf** – viele ____________

Fragen, Ausrufe, Aufforderungen

2 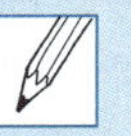  Setze ? oder ! ein und verbinde.

Mach sofort den Herd aus ☐

Was kochst du heute ☐

Wie soll ich das machen ☐

Toll, wie das klappt ☐

Diese Seite fand ich:
○ leicht ○ mittel ○ schwer

In der Bücherei

Leseerwartungen formulieren

1 Schau. Worum geht es in den Büchern?

2 Lies und verbinde.

3 Schreibe die Titel.

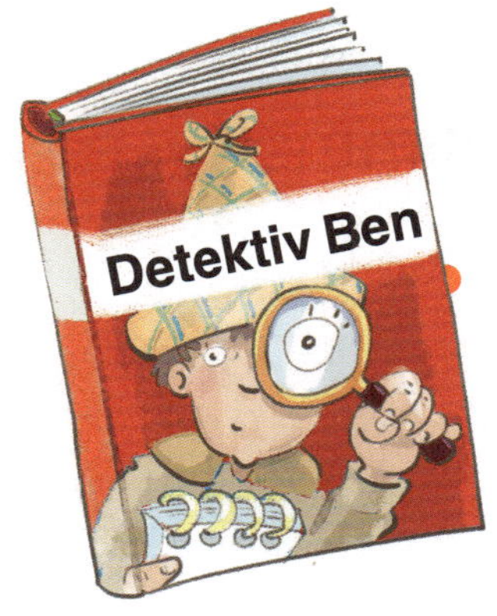

Ein Ufo landet im Garten.

Besuch

Eine Familie fährt zum Reiten.

Ben löst einen Fall.

   Suche dir ein Buch aus. Male dazu.

Bilder zum Textverständnis nutzen

1 Schau und lies.

2 Schreibe die Wörter.

findet • lächelt • fällt

Eines Tages ______________

Hugi im Ufo vom Himmel.

Tom ______________ Hugi.

Tom erschrickt.

Hugi ______________.

Tom und Hugi werden Freunde.

   Lies und male.

Hugi hat rote Schuhe.
Seine Hose ist blau.
Hugis Kopf ist blau.
Er hat vier Antennen.

Über ein Buch schreiben

   Schau und lies.

  Verbinde.

Autorin: schreibt das Buch

Illustrator: malt die Bilder

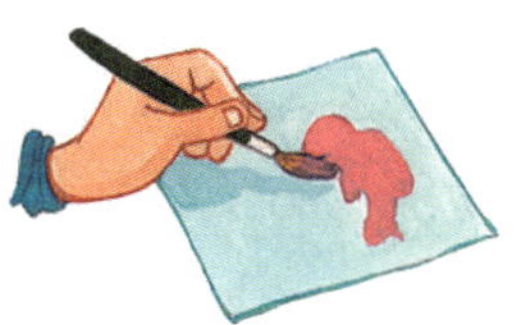

Titel: Name des Buches

Cover: Vorderseite

  Schreibe die richtigen Wörter.

Cover

  Male ein Bild auf das Cover.

Einen Text weiterschreiben

   1 Schau und lies.

  2 Schreibe.

1

Mirinda • geht • allein • Wald

2

Mirinda • Wiriwusch • trifft

 3 Schreibe und male.

3

Was passiert dann?

BB S. 67, BO S. 68

Verben kennenlernen

 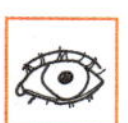  Schau und lies.

   Verbinde und markiere **en**.

tauchen

springen

reiten

   Schreibe und markiere.

boxen • ~~reiten~~ • tanzen • rennen

Tim kann reiten.

Jonas kann ______.

Frau Kästner kann ______.

Fatma kann ______.

Verwandte Wörter finden: b/p, d/t, g/k

Gehört zu?

   Lies und sprich.

  Markiere.

 Schreibe den Buchstaben.

Sprich dazu: König gehört zu Könige, also schreibe ich König mit g.

König Goldlocke verliert nicht gern	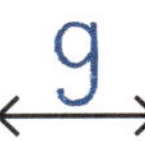 g ⟷	**Könige**
Wo bleibt das rote **Boot**?	⟷	**Boote**
Der geheime **Weg**	⟷	**Wege**
Der freche **Dieb**	⟷	**Diebe**
Am **Rand** der Welt	⟷	**Ränder**
Ich will aber ein eigenes **Pferd**!	⟷	**Pferde**

 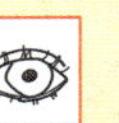 Schau und lies.

  Schreibe einen oder zwei Titel ab.

5 Markiere ❶.

Schreibe ❷, ❸ und dann ❹.

Erfinde einen Titel für ein tolles Buch. Schreibe.

Das kann ich schon

Verwandte Wörter finden: b/p, d/t, g/k

  Markiere ❶.

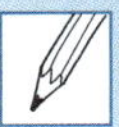 Schreibe ❷, ❸ und dann ❹.

d oder t

	❸	❷	❶	❹
Wal ___		⟷	Wälder	
Stif ___		⟷	Stifte	

g oder k

	Fabri ___ ⟷	Fabriken	
	Käfi ___ ⟷	Käfige	

Verben kennenlernen

   Markiere **en** und schreibe.

schreiben • malen • singen

Hanna kann ______________________.

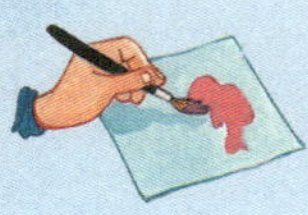

Lena kann ______________________.

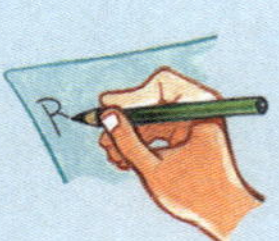

Jonas kann ______________________.

Diese Seite fand ich:
○ leicht ○ mittel ○ schwer

Im Winter

Texte genau lesen

1 Schau und lies.

2 Schreibe die Namen der Tiere.

Igel • Frosch • ~~Eichhörnchen~~ • Storch

Dieses Tier hält **Winterruhe.**

Dieses Tier hält **Winterschlaf.**

Dieses Tier gehört zu den **Zugvögeln.**

Dieses Tier fällt in eine **Winterstarre.**

3 Was ist richtig? Kreuze an.

Zwei Sätze sind richtig, zwei Sätze sind falsch.

- ☐ Der Igel hält Winterschlaf.
- ☐ Der Frosch hält Winterruhe.
- ☐ Das Eichhörnchen fällt in eine Winterstarre.
- ☐ Der Storch gehört zu den Zugvögeln.

Texte genau lesen

1  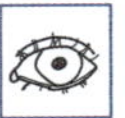  Schau und lies.

2   Verbinde.

Igel im Winter

Im **Herbst** frisst der Igel viel.

Im **Herbst** frisst der Vogel viel.

Im **Winter** schläft er unter Staub.

Im **Winter** schläft er unter Laub.

Im **Frühling** schläft er mit Hunger ein.

Im **Frühling** wacht er mit Hunger auf.

3   Lies die Frage.

 Markiere die Antwort im Text.

 Schreibe die Antwort.

Wo schläft der Igel im Winter?

BB S. 80, BO S. 83

Einen Paralleltext schreiben

1 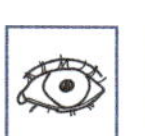  Schau und lies.

 2  Male die Kästchen richtig aus.

Die drei Spatzen

Rechts sitzt Erich. 

Links sitzt Franz. 

Und in der Mitte sitzt der freche Hans. 

 3  Schreibe.

 Das ist E__________________.

 Das ist ___________________.

 Das ist ___________________.

  Warum sitzen die drei Spatzen so dicht beisammen?

 Sprich mit einem Partnerkind.

Einen Paralleltext schreiben

 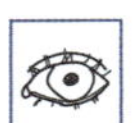  Schau und lies.

  Schreibe.

Ole
Klaus
Maus

Die drei Pinguine

Rechts steht ______________________.

Links steht ______________________.

Und in der Mitte steht die kleine ______________________.

Lotte
Tina
Lina

Die drei Eisbären

Rechts liegt ______________________.

Links ______________________.

Und in der Mitte ______________________.

BB S. 83, BO S. 86

Bestimmte und unbestimmte Artikel 

1  Schreibe die unbestimmten Artikel auf.

• der – ________ • die – ________ • das – ________

2  Lies und schreibe.

der Baum

ein Baum

der Baum

ein Baum

das Haus

________ Haus

die Amsel

________ Amsel

die Glocke

________ Glocke

der Ast

________ Ast

Verben verändern sich

1 Lies und verbinde.

2 Markiere **en** und schreibe **t**.

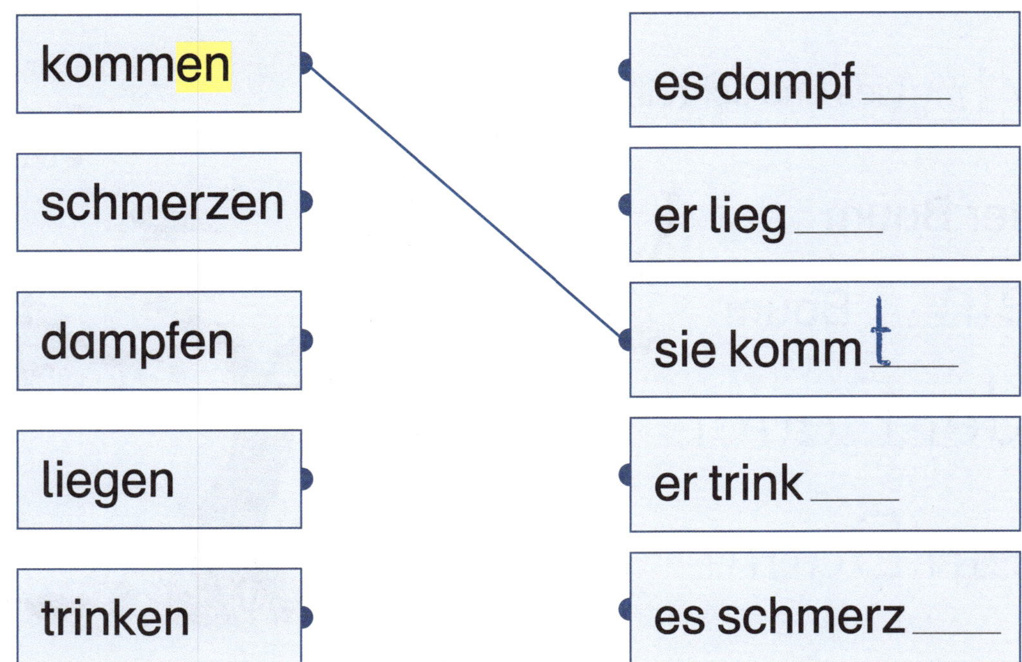

kommen	es dampf ____
schmerzen	er lieg ____
dampfen	sie komm ____
liegen	er trink ____
trinken	es schmerz ____

3 Schreibe die Verben in die Sätze.

schmerzt • dampft • liegt • trinkt • kommt

Jonas ______________ im Bett.

Sein Kopf ______________ .

Seine Mutter ______________ .

Jonas ______________ heißen Tee.

Der Tee ______________ .

Kurze Selbstlaute 

   Lies und sprich genau.

 Schreibe einen • unter den **kurzen** Selbstlaut.

Himmel • Wette • Affe • Hummel •
Sonne • Lappen • Koffer • Mappe
Grille • Schlamm • Gitter • Knall

   Lies und sprich genau.

 Schreibe einen • unter den **kurzen** Selbstlaut.

  Schreibe die Reimwörter.

Tanne

Futter

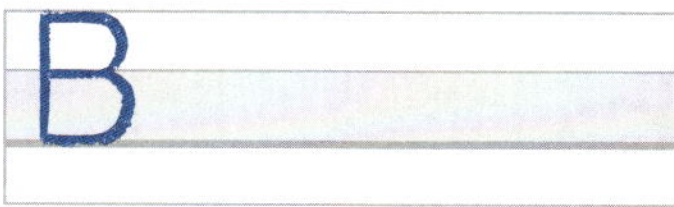

Wonne

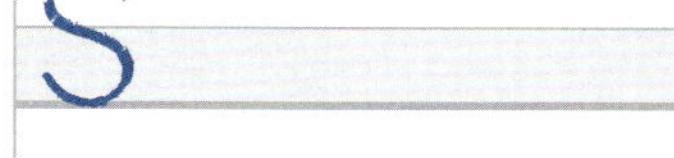

Keller

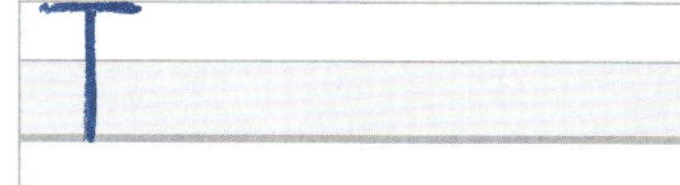

Schwamm

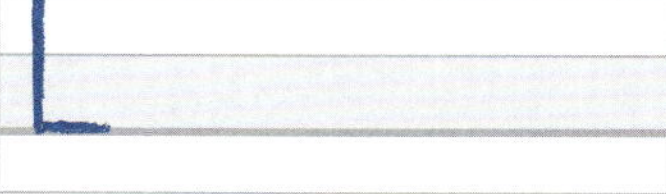

Giraffe

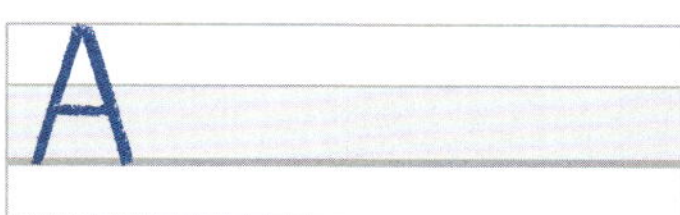

Suppe

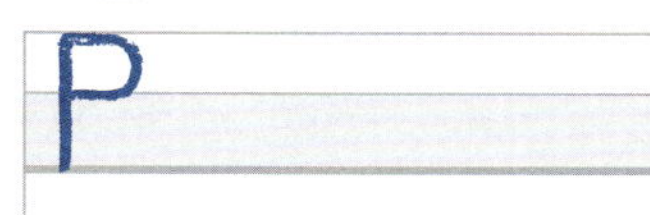

Kasse

Wörter mit ng oder nk 

1 Schau und lies.

2 Verbinde und markiere **ng** und **nk**.
Schreibe.

Anker

Schlange — Schlange

Bank

Zeitung

   Lies und trenne die Wörter.

  Markiere **ng** und **nk**. Schreibe.

schenken|singen 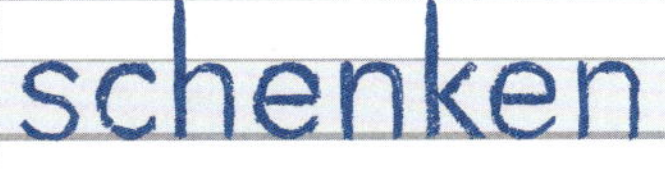 schenken  s

springenwinken  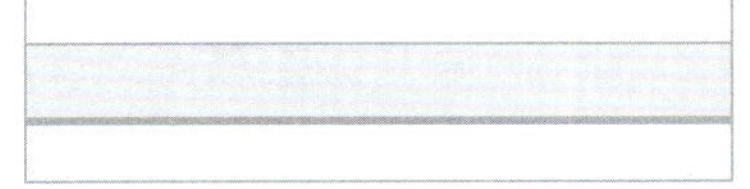

fangentrinken  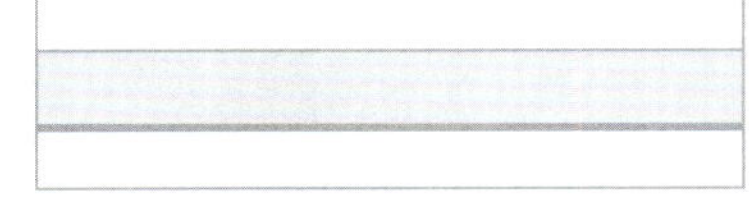

sinkenhängen 

BB S. 87, BO S. 92

Länge des Selbstlautes prüfen

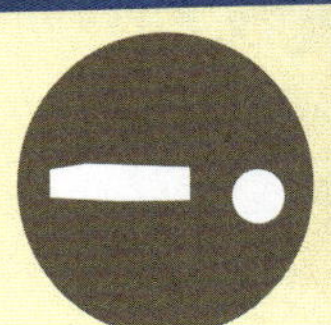

Lang/kurz?

 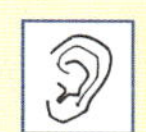 Mache die Lang-Kurz-Probe.

 Schreibe – oder •.

 Hase –	 Wald •	 Straße	 Nacht
 Mantel	 Ofen	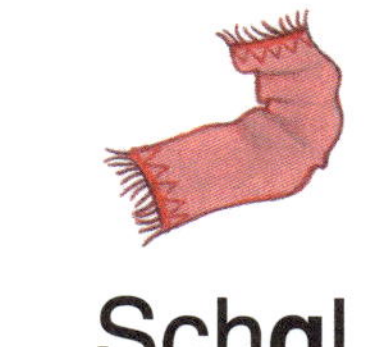 Schal	 Hund

  Schreibe die Wörter in die Tabelle.

 Schreibe – oder •.

langer Selbstlaut –	**kurzer Selbstlaut •**
Hase	Wald

Das kann ich schon

Kurze Selbstlaute

1 Lies und sprich genau.
Schreibe einen • unter den **kurzen** Selbstlaut.

2 Schreibe die Reimwörter.

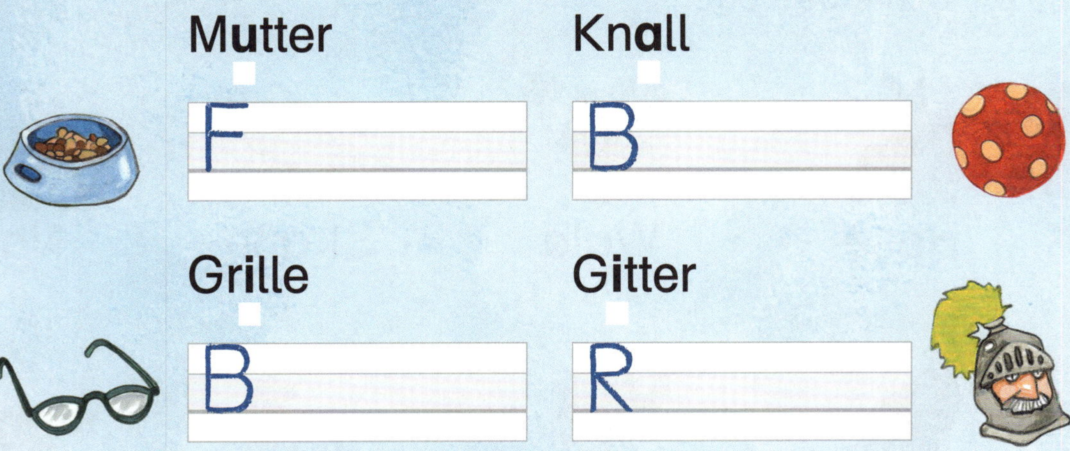

Verben verändern sich

3 Lies und verbinde.

4 Markiere **en** und schreibe **t**.

trinken	sie bring ___
frieren	er trink ___
bringen	sie wärm ___
wärmen	sie wink ___
winken	er frier ___

Diese Seite fand ich:
○ leicht ○ mittel ○ schwer

Riesen und Zwerge

Den Inhalt eines Textes verstehen

  Lies.

Von Riesen und Mäusen

Ein Riese hat riesige Ohren.
Zwei Mäuse wollen
in seinen Ohren wohnen.

Der Riese lässt die Mäuse
in seinen Ohren wohnen.
Die Mäuse versprechen ihm:
„Wir helfen dir."
Das glaubt der Riese nicht.

Der Riese schläft.
Da kommt ein böser Bär.
Der will den Riesen fressen.
Die Mäuse wecken
den Riesen. Da verjagt
der Riese den Bären.

  Male.

Den Inhalt eines Textes verstehen

  Kreuze an.

Wer will beim Riesen wohnen?

- ☐ zwei Schafe
- ☐ zwei Fliegen
- ☐ zwei Mäuse

Wo wollen sie wohnen?

- ☐ in seinen Ohren
- ☐ in seiner Nase
- ☐ in seinem Mund

Was versprechen sie?

- ☐ „Wir machen dich reich.“
- ☐ „Wir helfen dir.“
- ☐ „Wir ärgern dich.“

Wie ist der Bär?

- ☐ lieb
- ☐ klein
- ☐ böse

 Helfen die Mäuse dem Riesen?

Kreuze an.

- ☐ ja
- ☐ nein

  Warum? Schreibe.

Eine Reizwortgeschichte schreiben

   Schau und lies.

  Schreibe die Wörter.

Nest • Vogel • weg • ~~Riese~~ • Kerne

Das ist der  Kalle.
Riese/Nest

Er hat einen ______.
Riese/Vogel

Kalle baut ihm ein ______.
Futter/Nest

Kalle gibt ihm ______.
Kerne/Nest

Doch eines Tages fliegt der Vogel

______.
hinein/weg

  Markiere ein Wort.

Schreibe damit weiter.

Ballon • Käfig • traurig

______

______

______

Adjektive kennenlernen

1 Schau.

2 Riese Ole ist **unhöflich**. Was möchte er haben?

  Lies und schreibe.

blauen • grünen   roten • gelben

Ich will den ______ Teller.

Ich will den ______ Apfel.

3 Riese Bodo ist **höflich**. Was möchte er haben?

Lies und schreibe.

großen • kleinen   lange • kurze

Ich möchte den ______ Becher.

Ich möchte die ______ Wurst.

BB S. 106, BO S. 113

Gegensatzpaare finden

   Schau und lies.

  Markiere die Gegensätze.

Groß oder klein?

Riese Robbi und Zwerg Zeto streiten sich.

Robbi: Der Baum ist klein.
Zeto: Nein, der Baum ist groß.
Robbi: Das Seil ist kurz.
Zeto: Nein, das Seil ist lang.

3 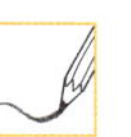 Verbinde die Gegensätze.

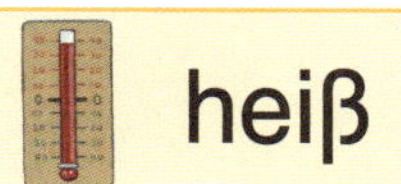
heiß

klein

lang

kalt

groß

kurz

   Verbinde und schreibe.

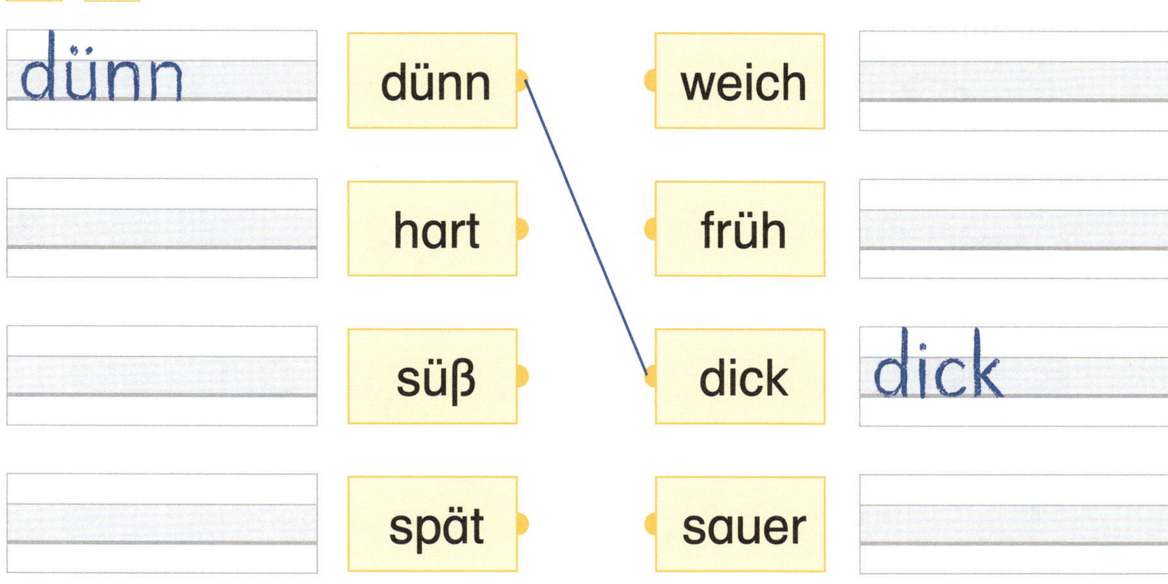

Wörter mit ie

1 Schau und lies.

2  Markiere **ie**.

Drei Bienen und ein Riese

Drei Bienen summen um den Riesen,
der Riese muss gleich sehr laut niesen.
Die Bienen kriegen einen Schreck
und fliegen alle wieder weg.

3 Schreibe vier Wörter mit **ie**.

4  Markiere **ie** und schreibe.

Stiefel • Wiege • Ziege • Spiegel •
Brief • Fliege

 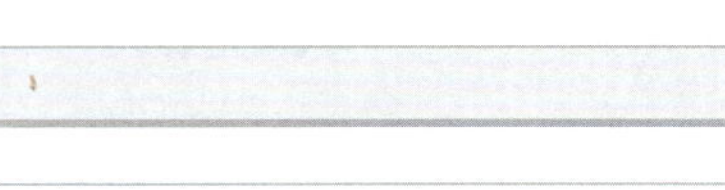 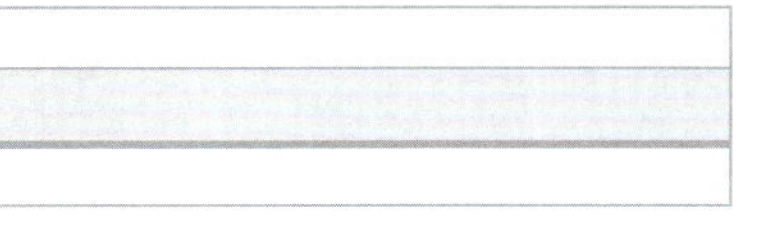 

  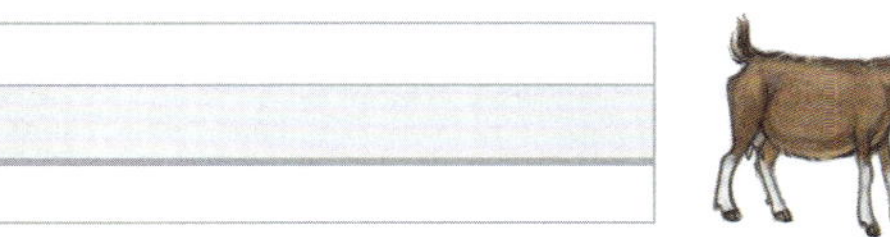

BB S. 108, BO S. 115

b oder p, g oder k im Verb 

  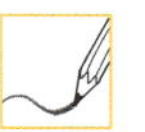 Lies und verbinde.

2  Markiere und schreibe.

Sprich dazu:
spukt gehört zu
spuken, also schreibe
ich spukt mit k.

Was machen die Riesenkinder?

Eins spukt im Keller.  spuken

Eins **tobt** auf Bergen.  **toben**

Eins **liegt** in der Wiege. ⟷ **liegen**

Eins **hebt** Hanteln. ⟷ **heben**

Eins **hupt** auf dem Rad. ⟷ **hupen**

Eins **legt** sich zu Mama. ⟷ **legen**

   Markiere ❶. Schreibe ❷, ❸ und dann ❹.

b oder p

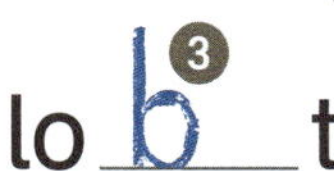 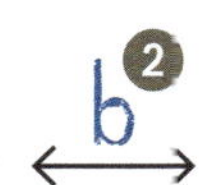 loben  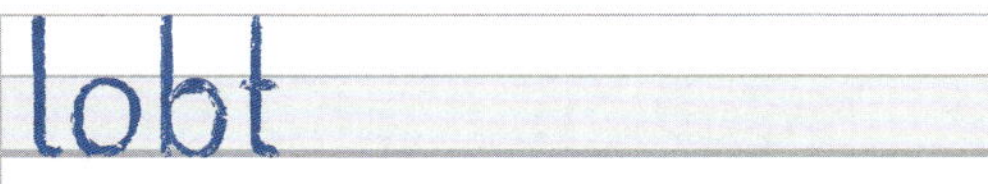

pie____t ⟷ piepen es

g oder k

krie____t ⟷ kriegen sie

mer____t ⟷ merken er

BB S. 109, BO S. 116

Das kann ich schon

b oder p, g oder k im Verb

   Markiere und schreibe.

b oder p

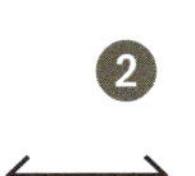  

kle ____ t ⟷ kleben es ____

hu ____ t ⟷ hupen sie ____

le ____ t ⟷ leben er ____

g oder k

fra ____ t ⟷ fragen sie ____

le ____ t ⟷ legen er ____

spu ____ t ⟷ spuken es ____

Gegensatzpaare finden

 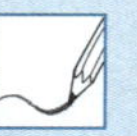 Verbinde und schreibe.

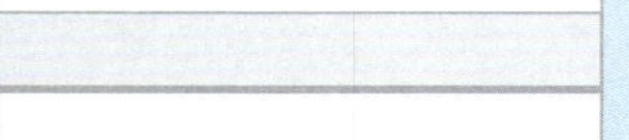 hoch • • dumm ____

 breit • • tief ____

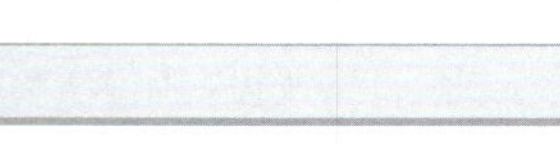 klug • • schmal ____

Diese Seite fand ich:
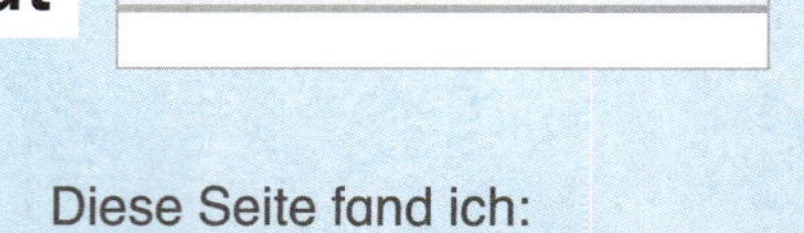

Auf leisen Pfoten

Gedanken und Gefühle äußern

1 Lies. Was erzählt der Text?

2 Schau. Was erzählen die Bilder?

Beste Freunde

Das sind Julius
und seine Katze Greta.
Sie sind beste Freunde.

Doch eines Tages ist Greta weg.
Julius sucht und ruft sie.
Er kann Greta nicht finden.

Greta hat bei der Nachbarin
geschlafen. Julius sagt zu
Greta: „Aber ich bin doch dein
bester Freund!“

3 Julius nimmt Greta mit nach Hause.
Aber er ist traurig.
Schreibe auf, was er wohl denkt.

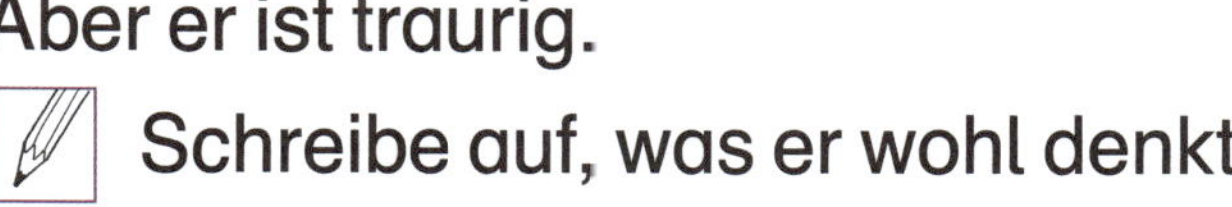

Informationen gezielt suchen

1 Lies den Text.

Der Tiger

1. Der Tiger ist eine Großkatze.
2. Er frisst Hirsche und Hasen.
3. Der Tiger lebt in Asien.
4. Er kann 18 Jahre alt werden.

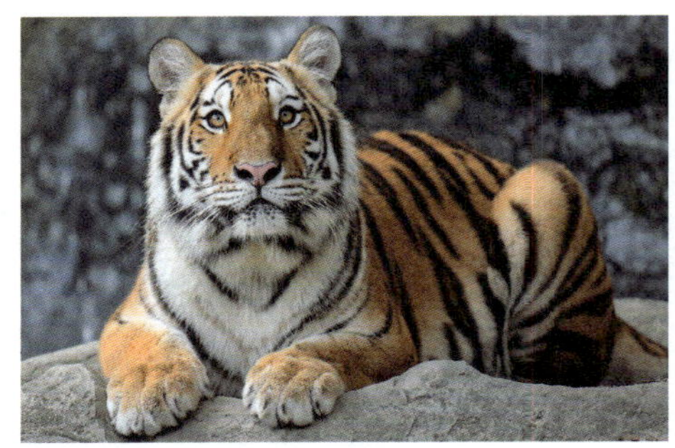

2 Lies die Fragen.
Markiere die Antworten im Text.

3 Schreibe die Antworten.

1. Wie heißt das Tier?

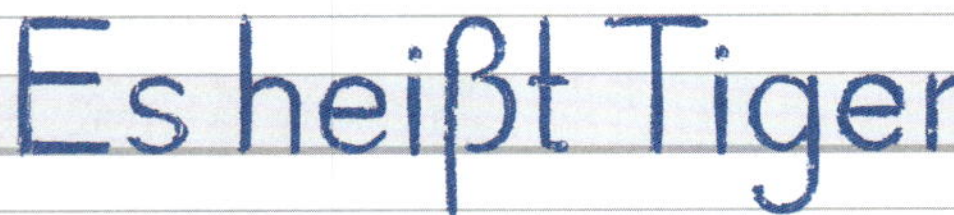

2. Was frisst das Tier?

3. Wo lebt das Tier?

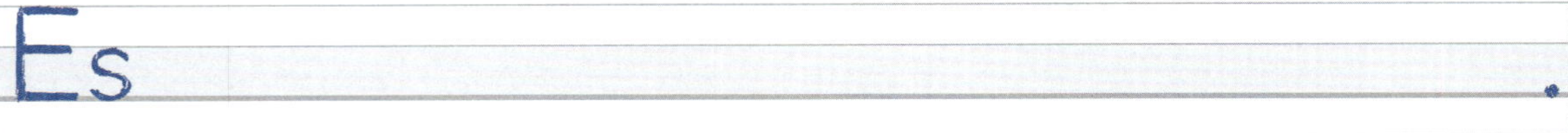

4. Wie alt kann das Tier werden?

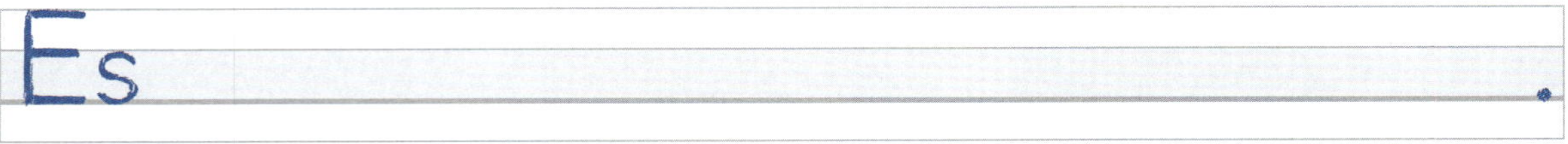

BB S. 117, BO S. 124

Eine Geschichte weiterschreiben

 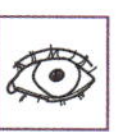  Schau und lies.

Lena bekommt eine Katze geschenkt. Sie erzählt ihren Eltern nichts davon. Lena nimmt die Katze mit in ihr Zimmer. Doch Lena macht die Tür nicht zu …

2 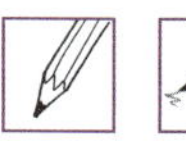 Was geschieht dann? Schreibe und male. Einige Wörter können dir helfen.

Papa • Mama • Tisch • Treppe • Garten • Bett

   Lest euch eure Geschichten gegenseitig vor.

Ein Tierrätsel schreiben

1 Lies die Rätsel.

2 Verbinde mit der Antwort.

Mein Tier lebt in Australien. **Es hat** einen Beutel.

Mein Tier lebt am Südpol. **Es hat** schwarze Flügel.

- Pinguin
- Eisbär
- Känguru
- Elefant

3 Schreibe ein eigenes Tierrätsel.

Mein Tierrätsel

Mein Tier lebt ______________________ .

Es hat ______________________

______________________ .

Schreibt euer Tierrätsel auf ein Blatt Papier.

Macht daraus ein Rätselheft.

BB S. 121, BO S. 128

Verben in Grundform und Personalform

   Schau und lies.

  Markiere.

 Schreibe.

Der Jaguar klettert. / klettern.

Die Leoparden kämpft. / kämpfen.

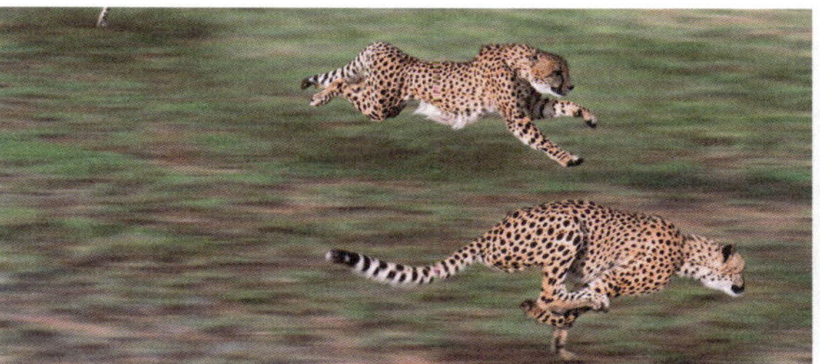

Die Geparden jagt. / jagen.

Die Katze spielt. / spielen.

Der Tiger schwimmt. / schwimmen.

Die Löwen schläft. / schlafen.

Zusammengesetzte Nomen

1 Lies.

2 Bilde zusammengesetzte Nomen. Schreibe sie auf.

Tiger 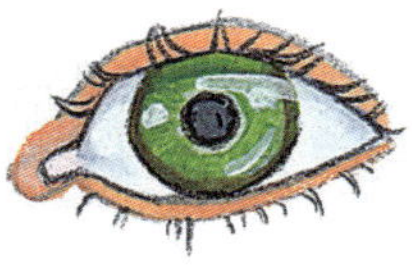 + Auge → Tigerauge

Eis  + Bär →

Baum  + Haus →

Berg  + Ziege →

Apfel  + Baum →

Wörter mit tz

 Lies.

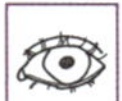 Suche die Reimpaare.

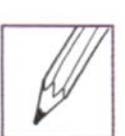 Schreibe die Reimpaare und markiere **tz**.

3 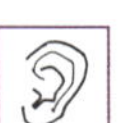 Mache die Lang-Kurz-Probe.

Schreibe einen • unter den kurzen Selbstlaut.

Gekritzel

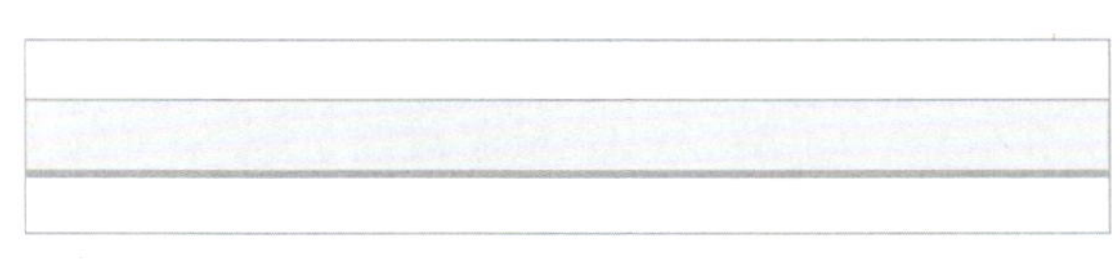
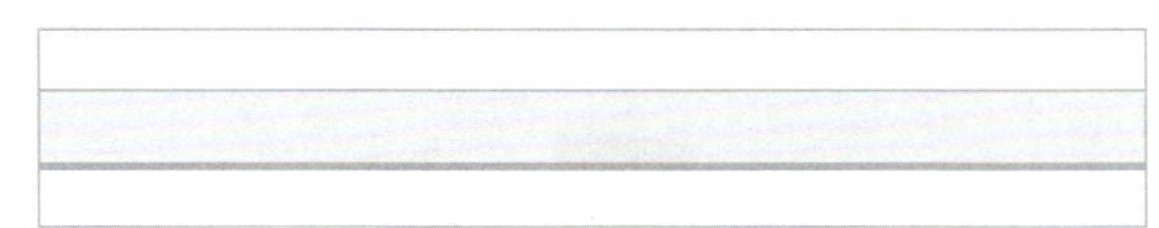

Wörter mit doppeltem Mitlaut 

1 Mache die Lang-Kurz-Probe.
Schreibe einen • unter den kurzen Selbstlaut.

2 Markiere die doppelten Mitlaute.
Schreibe das Reimwort.

Wort	Reimwort	Wort	Reimwort
Tanne	Wanne	Keller	T
Knall	B	Suppe	P
Rüssel	Sch	Futter	B
Grille	Br	Schwamm	K
Brett	B	Tonne	S
Lippe	W	Klammer	H

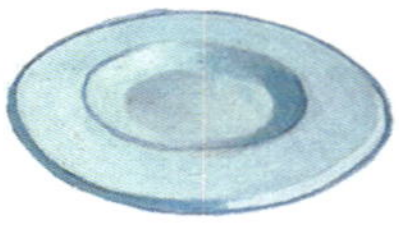

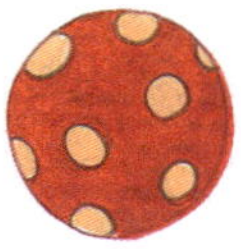

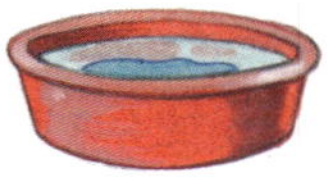

BB S. 125, BO S. 135/136

Verwandte Wörter finden: ä/e, äu/eu

Gehört zu?

1 Lies.

2 Markiere **a** oder **au** ❶.

Schreibe ❷, ❸ und dann ❹.

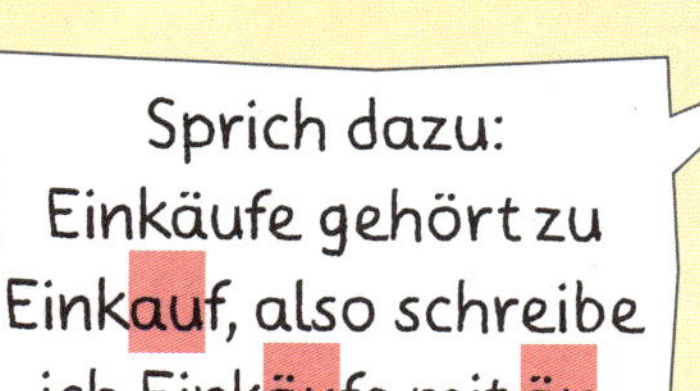

ä oder äu

❸ Eink  fe ❷  ⟷ ❶ Einkauf ❹ 

M______nner ⟷ Mann

B______che ⟷ Bach

S______e ⟷ Sau

Gl______ser ⟷ Glas

M______se ⟷ Maus

Das kann ich schon

Wörter mit doppeltem Mitlaut

1 Mache die Lang-Kurz-Probe.
Schreibe einen • unter den kurzen Selbstlaut.

2 Markiere die doppelten Mitlaute.
Schreibe das Reimwort.

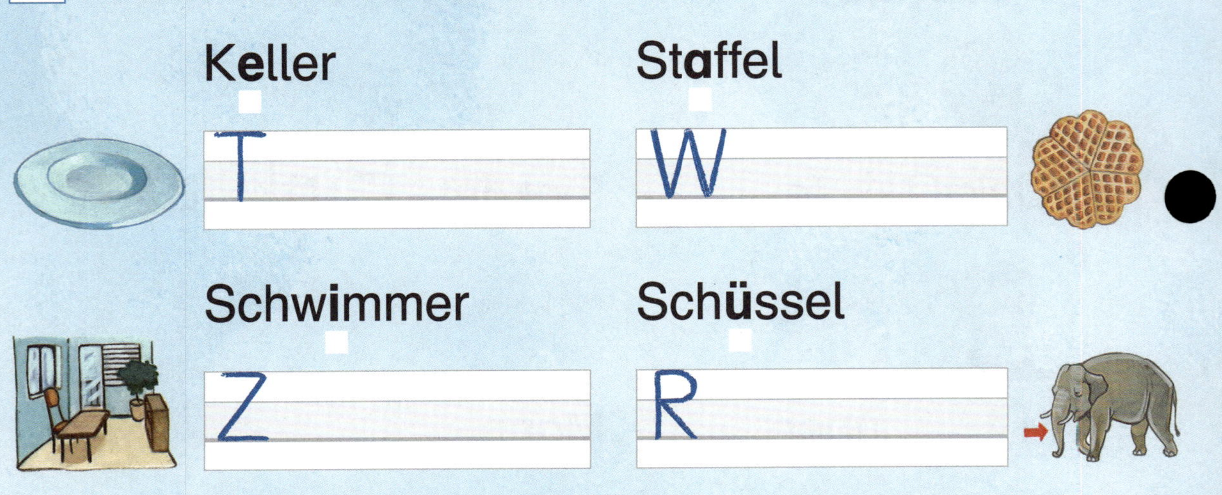

Zusammengesetzte Nomen

3 Bilde zusammengesetzte Nomen. Schreibe sie auf.

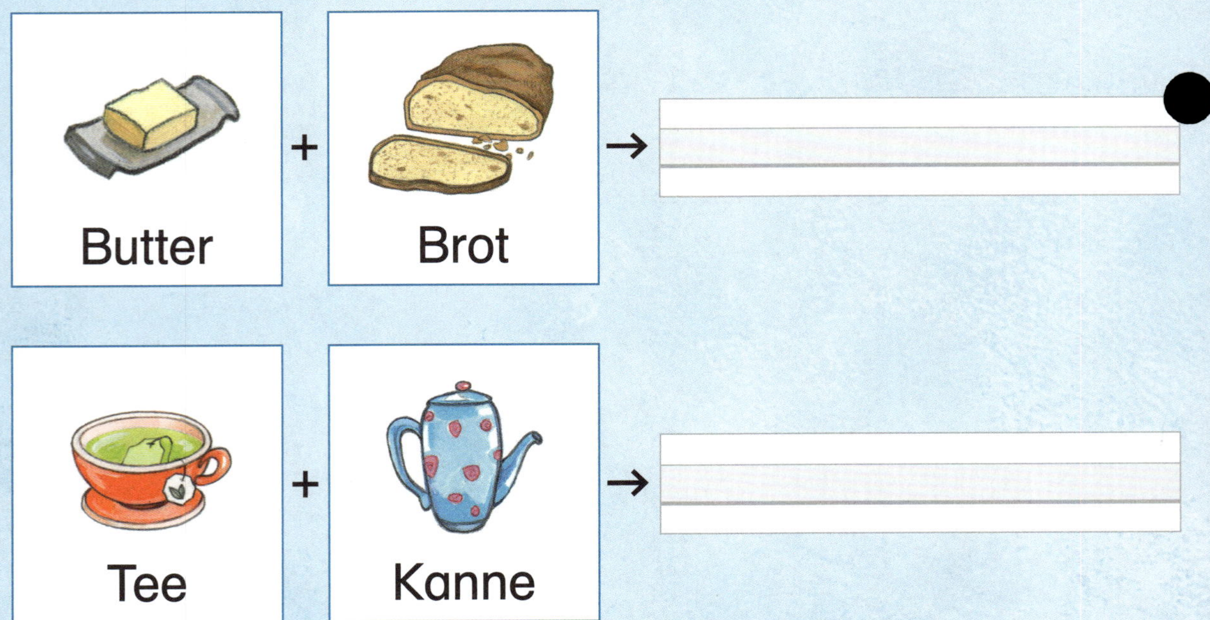

Diese Seite fand ich:
O leicht O mittel O schwer

Vom Fliegen

Texte und Bilder zuordnen

1 Schau und lies.

2 Verbinde.

Die Sage von Dädalus und Ikarus

① Dädalus und Ikarus wurden im Turm eingesperrt.

② Dädalus baute Flügel aus Holz und Bienenwachs.

③ Dädalus und Ikarus flogen mit den Flügeln vom Turm.

④ Ikarus flog zur Sonne. Da schmolz das Wachs. Ikarus stürzte ins Meer.

Texte ohne Sätze lesen: eine Tabelle

 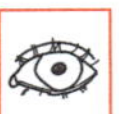  Schau und lies.

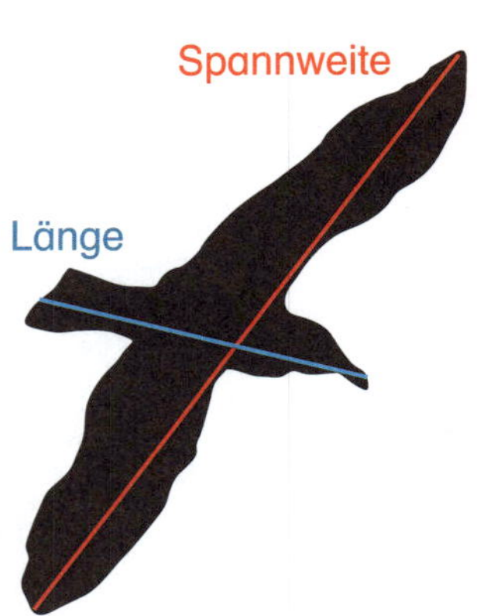

Name	Länge	Spann-weite	Gewicht
Adler	80 cm	205 cm	5 000 g
Amsel	25 cm	36 cm	95 g
Meise	14 cm	24 cm	19 g
Zaunkönig	10 cm	15 cm	11 g

   Lies die Fragen und markiere in der Tabelle.

 Kreuze an.

Wie lang ist eine Amsel?
- ☐ 12 cm
- ☒ 25 cm
- ☐ 50 cm

Welche Spannweite hat ein Zaunkönig?
- ☐ 10 cm
- ☐ 15 cm
- ☐ 21 cm

Wie schwer ist eine Meise?
- ☐ 19 g
- ☐ 76 g
- ☐ 100 g

Welcher Vogel ist am schwersten?
- ☐ Amsel
- ☐ Meise
- ☐ Adler

  Um welche Tiere geht es in der Tabelle? Schreibe.

BB S. 135, BO S. 146

Eine Fantasiegeschichte schreiben

 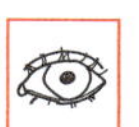  Schau und erzähle.

  Schreibe Sätze.

groß | der Ballon | ist

Der Ballon

sitzt | oben | ein Hahn

ein Schiff | unten | hängt

  Schreibe weiter.

In dem Schiff

Wortfamilien

1 Lies.

2 Markiere **steig** oder **fall**.

steigen	fallen
Bahnsteig	Überfall
Steigflug	gefallen
umsteigen	Unfall
aussteigen	umfallen
einsteigen	Fallschirm

3  Schreibe.
Achte auf den Wortstamm.

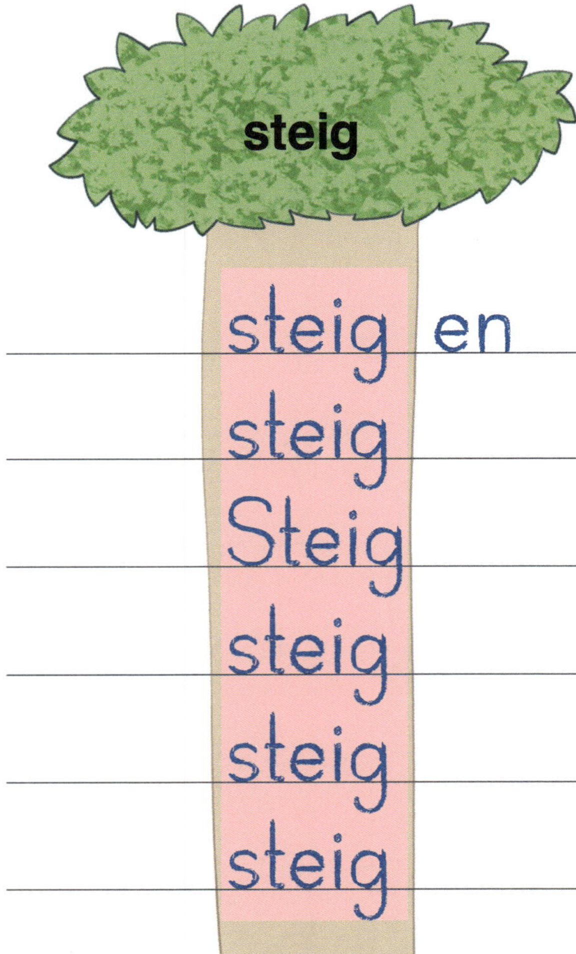

Verben mit den Wortbausteinen ver, vor

1 Lies die Wörter.

2 Markiere **ver** und **vor**. Verbinde.

vertragen | verlaufen | vorlesen | vorstellen

laufen | tragen | stellen | lesen

3 Schreibe die Wörter.
Markiere **ver** und **vor**.

ver

vertragen

vor

4 Lies und schreibe das passende Wort.

Ida und Hadi haben sich gestritten.

Jetzt wollen sie sich wieder ______.

vortragen/vertragen

Ole hat eine Geschichte geschrieben.

Er möchte sie gerne ______.

verlesen/vorlesen

Papa hat sich im Wald ______.

vorlaufen/verlaufen

Wörter mit ie oder i 

 1 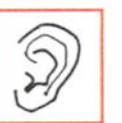 Mache die Lang-Kurz-Probe.

 Schreibe – oder •.

•

 2 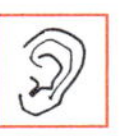 Mache die Lang-Kurz-Probe.

 Schreibe.

–
fl ie gen

s ___ ngen

l ___ ben

schw ___ mmen

z ___ hen

tr ___ nken

 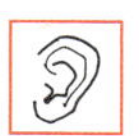 Mache die Lang-Kurz-Probe.

 Schreibe.

z ie ge — Ziege

Sp___gel

Fl___ge

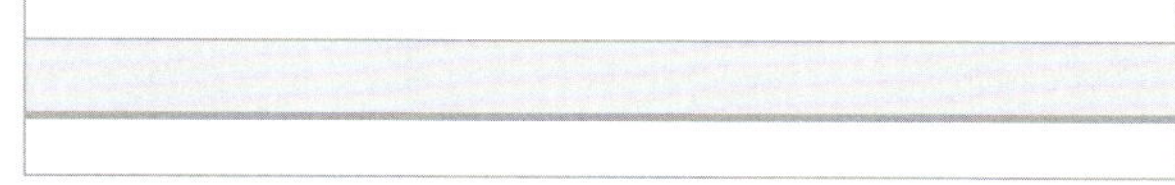

K___nder

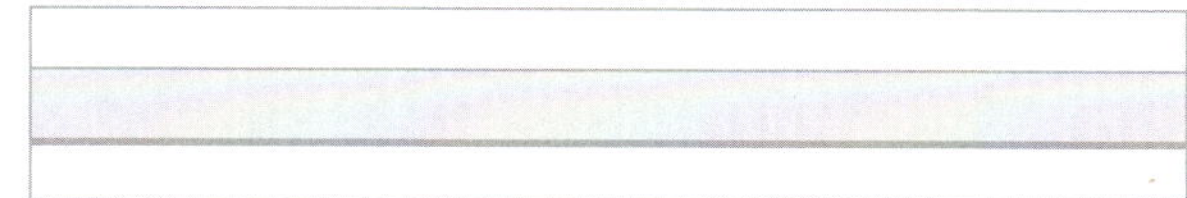

Bl___tz

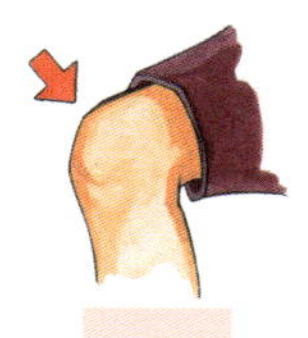

Kn___

Sp___nne

St___fel

Wörter mit qu

1 Schreibe.

2 Lies und markiere **Qu** und **qu**.

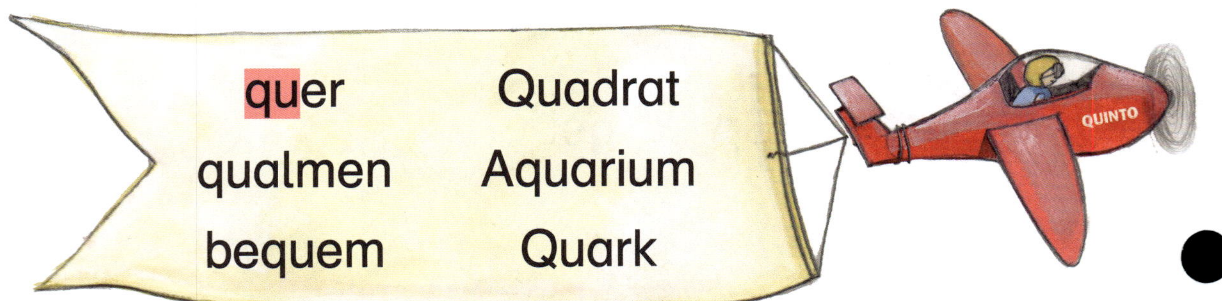

3 Schreibe die Wörter von oben.

4 Schreibe Wörter von oben.

Quentin isst gerne ______________.

Das Sofa ist sehr ______________.

Im ______________ gibt es bunte Fische.

BB S. 143, BO S. 156

Schwierige Wörter merken: Wörter mit v

Merk's dir!

1 Schau und lies. Wie geht das Merkwörtertraining?

2 Mache das Merkwörtertraining.

Du kannst auch fragen.

① Lies und markiere **v**.	② Lies das Wort. Decke ab und schreibe.	③ Dein Partnerkind diktiert. Decke ab und schreibe.
vor	vor	vor
viel		
vier		
von		
Vater		
Vogel		
Vampir		
Kurve		
November		

Das kann ich schon

Wörter mit ie oder i

1 Mache die Lang-Kurz-Probe.

Schreibe.

Z___ge

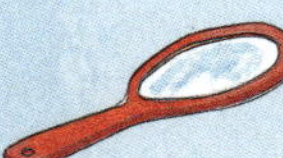
Sp___gel

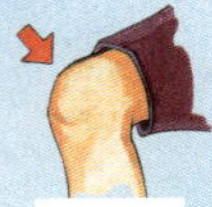
Kn___

Sp___nne

Wortfamilien

2 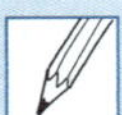 Markiere **reis** und **bleib**.

reisen • vorreisen • verreisen

bleiben • wegbleiben • hierbleiben

3 Schreibe die Wörter.

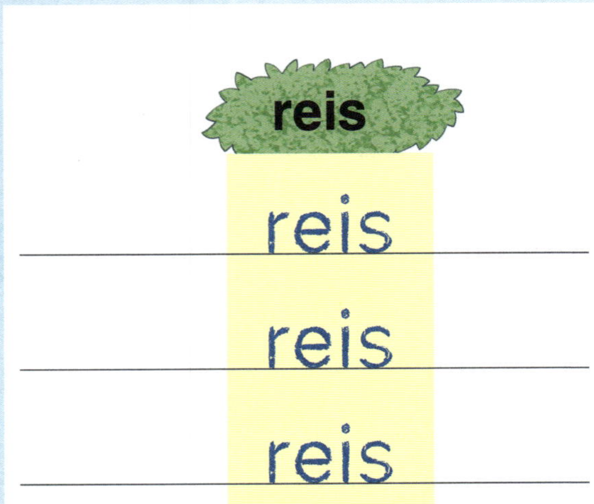

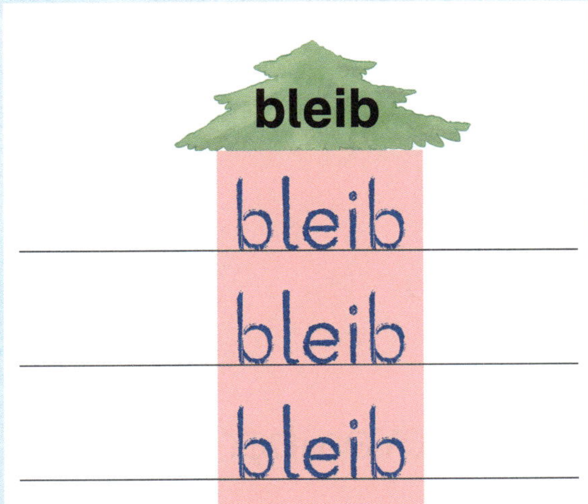

Diese Seite fand ich:
○ leicht ○ mittel ○ schwer

Im Sommer

In Texten Informationen finden

 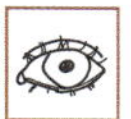 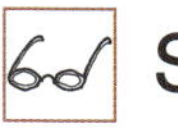 Schau und lies.

Name:	Weinbergschnecke
Größe:	bis zu 12 cm lang
Nahrung:	Pflanzenteile
Fundort:	Waldrand
Datum:	10. Mai

Sachtext

Weinbergschnecken legen Eier.
Aus den Eiern schlüpfen kleine Schnecken.
Schnecken haben eine Kriechsohle.
Der Schleim schützt sie.

2 Lies die Fragen und markiere die Antworten.

3  Schreibe die Antworten.

Wie lang werden Weinbergschnecken?

Sie werden bis zu ______________ lang.

Was fressen Weinbergschnecken?

Sie fressen ______________________.

Woher kommen die kleinen Schnecken?

Sie schlüpfen ______________________.

Eine Ansichtskarte schreiben

1 Lies.

	Karte		
Anrede	Liebe Anna,		
Text	heute war ich mit Mama im Zoo. Die Affen waren so lustig. Du kannst sie vorne auf der Karte sehen. Im Juli gehen wir zusammen in den Zoo!	An Anna Müller Meerweg 25 d 44803 Bochum	Anschrift
Gruß	Viele Grüße		
Name	deine Emma		

Deutschland 45

2 Schreibe die Fachwörter.

Liebe Anna, ______

heute war ich mit Mama im Zoo. Die Affen waren so lustig. ______

Viele Grüße ______

deine Emma ______

An
Anna Müller
Meerweg 25 d
44803 Bochum ______

Wem möchtest du eine Ansichtskarte schicken? Schreibe.

______

BB S. 158, BO S. 171

Eine Einladung schreiben

 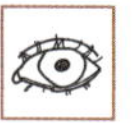 Schau. Wohin wird Malak eingeladen?

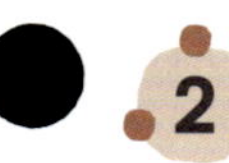   Lies und schreibe.

15 Uhr | dein Leon | 13. Juli | 8 | Malak

Liebe ______,

ich habe am ______ Geburtstag.

Ich lade dich zur Feier um ______ ein.

Ich werde ______ Jahre alt.

Wir fahren auf einen Bauernhof.

Viele Grüße

______

Adjektive verändern sich

   Lies und markiere die Adjektive im Text.

weiße • grünen • blauen

Am Himmel ziehen weiße Wolken.
Ich liege im grünen Gras
und schaue in den blauen Himmel.

2   Lies, verbinde und schreibe.

rot • ~~jung~~ • klein • tief

die junge Ente	Die Blume ist ______ .
der kleine Käfer	Die Ente ist  .
die rote Blume	Das Wasser ist ______ .
das tiefe Wasser	Der Käfer ist ______ .

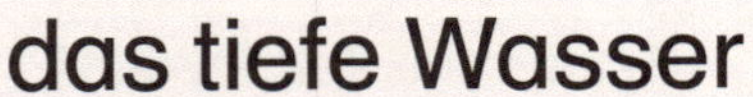

   Lies und schreibe.

Die Wolke ist weiß. – die  Wolke

Tinto ist frech. – der ______ Tinto

Das Gras ist grün. – das  Gras

Nomen, Verben und Adjektive erkennen

  Lies.

  Unterstreiche Nomen, Verben und Adjektive mit unterschiedlichen Farben.

starke • fröhliche • nette • laute
Affen • Kinder • Pferde • Eltern
singen • spielen • essen • tanzen

3 Schreibe und unterstreiche.

Adjektiv	Nomen	Verb

Satzanfang: Großschreibung
Satzende: Punkt

Starke Affen singen.

  Bastelt ein Büchlein mit Nomen, Verben und Adjektiven. Lest euch die lustigen Sätze vor.

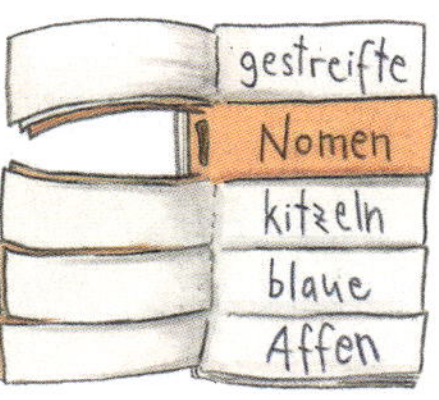

Wörter mit ck

1   Lies.

 Suche die Reimpaare.

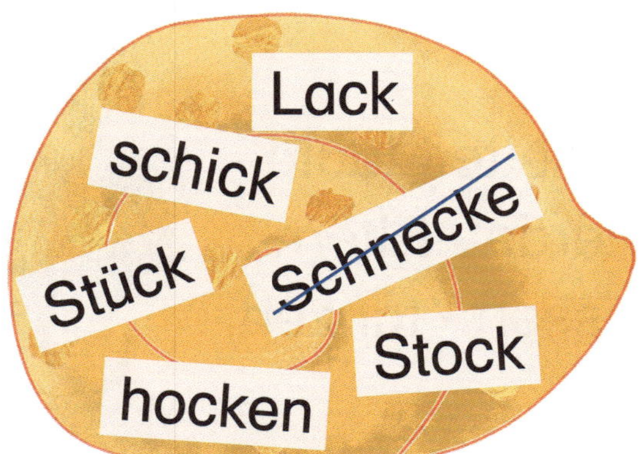

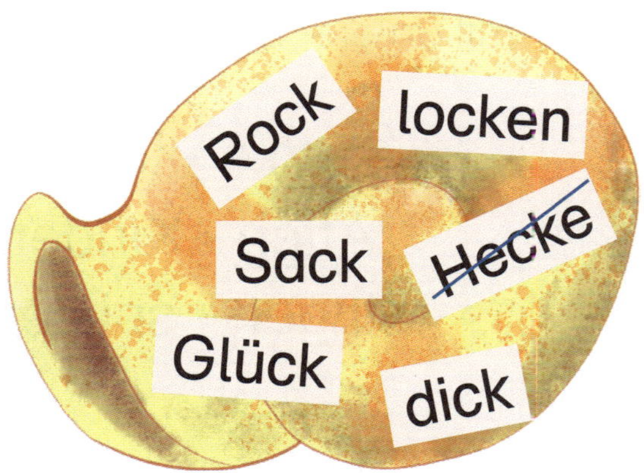

2 Schreibe die Reimpaare und markiere **ck**.

3 Mache die Lang-Kurz-Probe.

Schreibe einen • unter den kurzen Selbstlaut.

Schnecke | Hecke

BB S. 162, BO S. 177

Wörter trennen

Lies.

Markiere die getrennten Wörter.

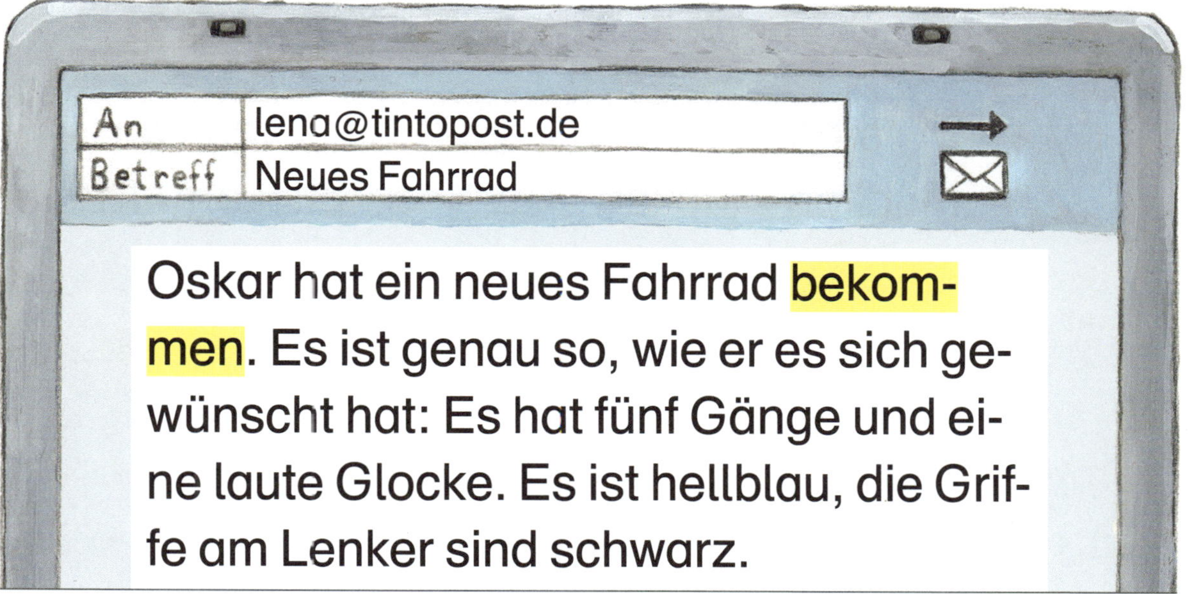

Oskar hat ein neues Fahrrad bekom-
men. Es ist genau so, wie er es sich ge-
wünscht hat: Es hat fünf Gänge und eine laute Glocke. Es ist hellblau, die Grif-
fe am Lenker sind schwarz.

Schreibe die getrennten Wörter ohne Trennstriche auf.

Lies die Wörter und setze Silbenbögen.

Helm • Sattel • Pedale • Sonne • See

Tag • Sommertag • Amsel • Sonnenhut

Schreibe alle Wörter mit nur **einer** Silbe.

Das kann ich schon

Wörter mit ck

1 Lies und suche die Reimpaare.

2 Schreibe die Reimpaare und markiere **ck**.

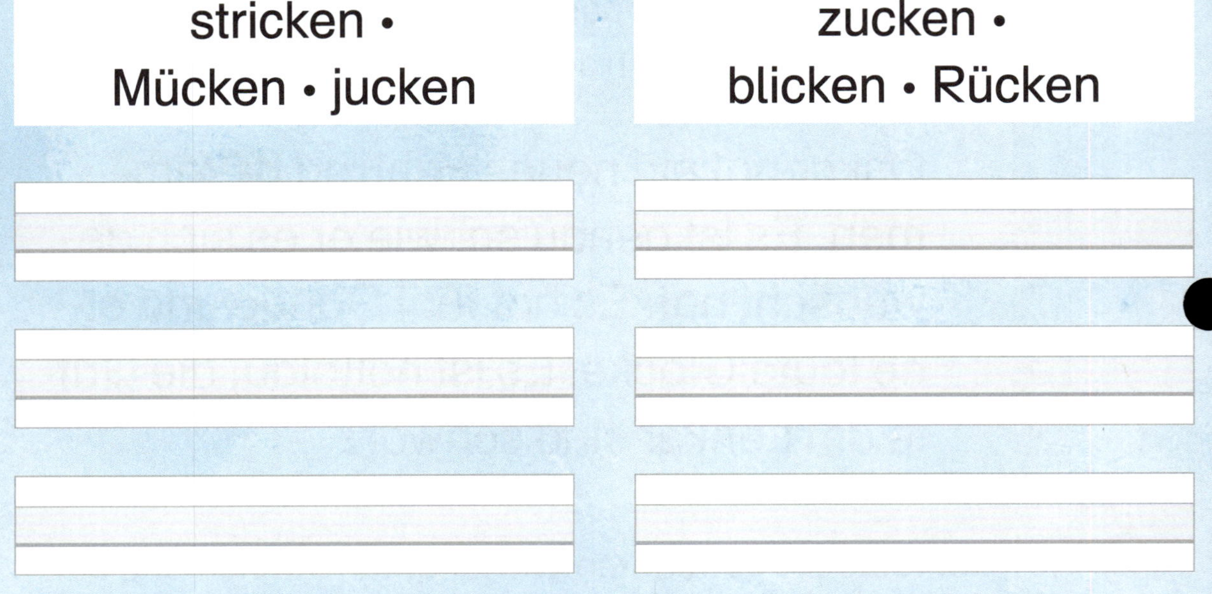

stricken • Mücken • jucken

zucken • blicken • Rücken

Nomen, Verben und Adjektive erkennen

3 Unterstreiche Nomen, Verben und Adjektive in unterschiedlichen Farben.

bunte • gute • dicke
Bienen • Mücken • Wiesen
trinken • fliegen • blühen

4 Schreibe und unterstreiche.

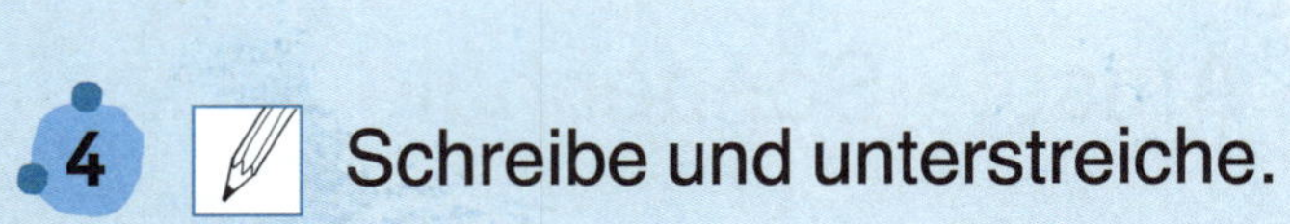

Adjektiv	Nomen	Verb

Satzanfang:
Großschreibung
Satzende:
Punkt

Diese Seite fand ich:
○ leicht ○ mittel ○ schwer

Computer & Co

Einen Sachtext lesen

1  Lies.

Das Smartphone

Das Wort Smartphone ist englisch.
Es bedeutet schlaues Telefon.
Man kann damit telefonieren.

Man kann auch schreiben,
fotografieren, filmen
und ins Internet gehen.

Eine App ist ein kleines Programm.
Der Akku liefert Strom.
Man muss ihn aufladen.

2 Was bedeuten die Fachbegriffe?

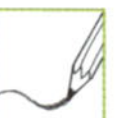 Verbinde.

Smartphone	liefert Strom
App	schlaues Telefon
Akku	kleines Programm

Eine Liste schreiben

1 Lies.

2 Markiere, was Tim alles mitnehmen soll.

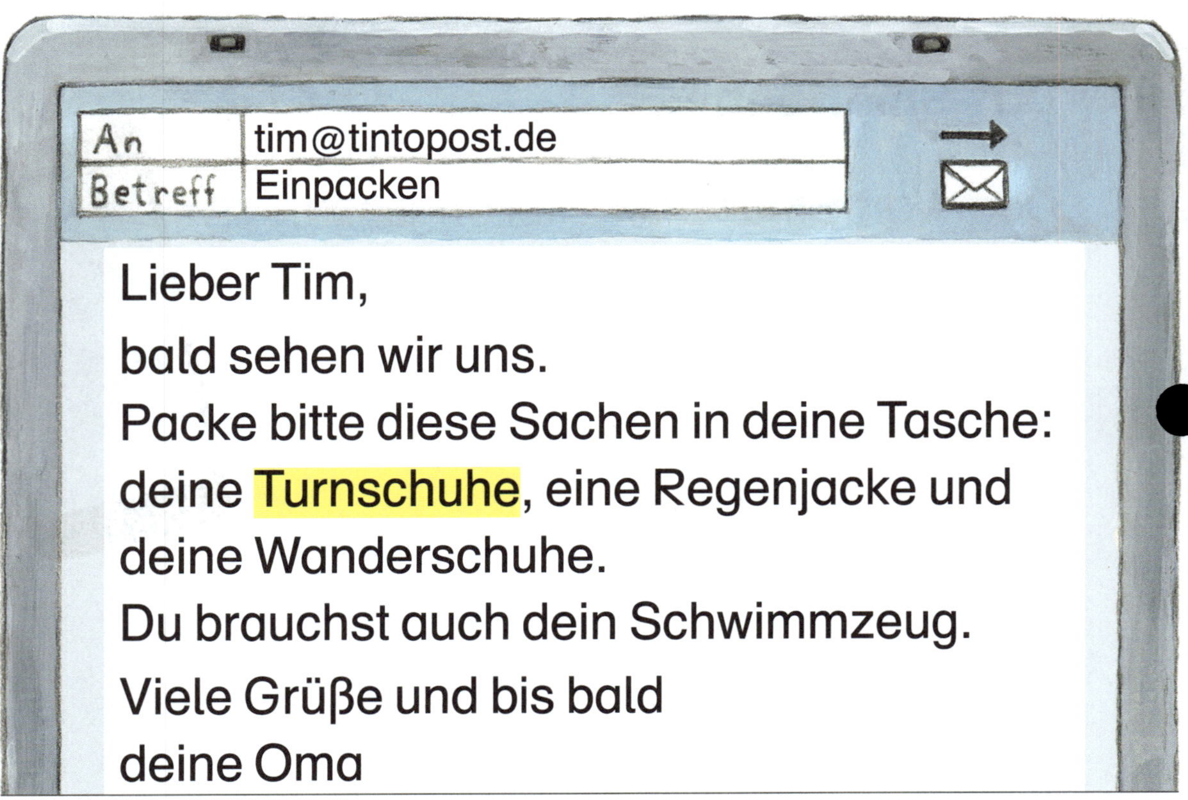

An: tim@tintopost.de
Betreff: Einpacken

Lieber Tim,
bald sehen wir uns.
Packe bitte diese Sachen in deine Tasche:
deine Turnschuhe, eine Regenjacke und
deine Wanderschuhe.
Du brauchst auch dein Schwimmzeug.
Viele Grüße und bis bald
deine Oma

3 Schreibe eine Liste für Tim.

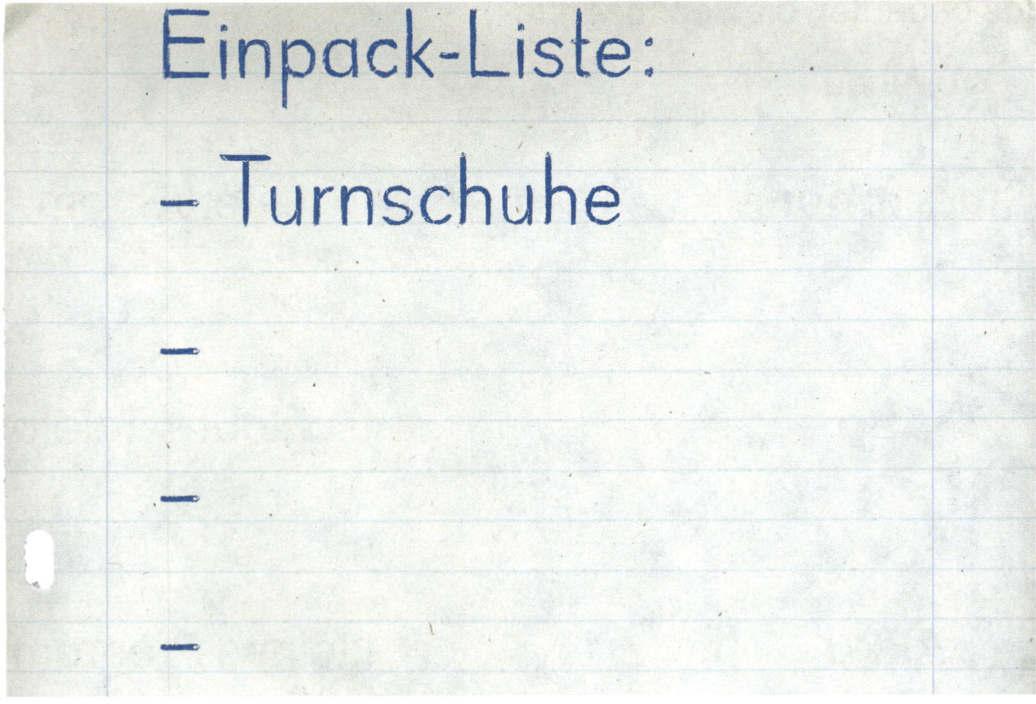

BB S. 176, BO S. 191/192

Eine Anleitung schreiben

   Schau und lies.

  Schreibe einen Satz zu jedem Bild.

Dosentelefon

eine Schnur • einen Pikser • zwei Dosen

Du brauchst eine Schnur, einen Pikser und

Löcher • bohrst • du • in die Dosen

Zuerst bohrst

die Schnur • verknotest • du • in beiden Dosen

Dann

die Schnur • spannst • du

Am Ende

Satzglieder kennenlernen

1 Lies.

2 Markiere den Rahmen.

Papa | liest | seine E-Mails.

Liest | Papa | seine E-Mails ?

3 Schreibe Fragen.

Lena | schreibt | Geschichten.

Schreibt | | ?

Jonas | telefoniert | gerne.

| | ?

Fatma und Tim | sehen | einen Film.

|

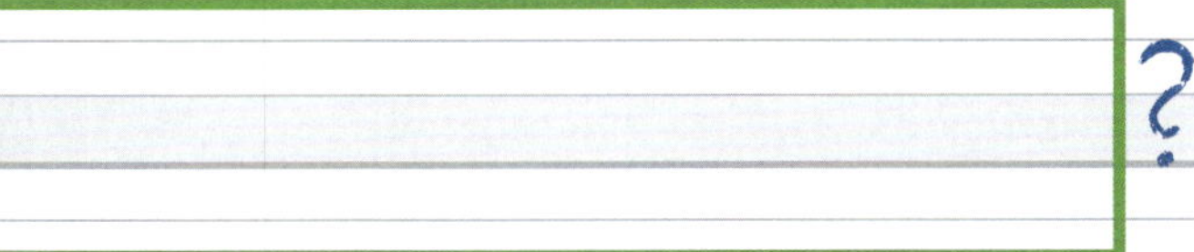

?

Wortfeld: sagen

1 Schau und lies.

2 Schreibe die Wörter zu den Bildern.

rufen • erzählen • schimpfen • flüstern

3 Schreibe die Wörter in die Lücken.

schimpft • erzählt • ruft • flüstert

Lena ____________ Tim eine Geschichte.

Lena ____________ Fatma.

Lena ____________ Jonas ins Ohr.

Lena ____________ vor sich hin.

Wörter mit äu oder eu

1  Lies.

2 Verbinde die verwandten Wörter.
Markiere **au**.
Schreibe.

L…se	Sau	
B…me	Raum	
S…e	Baum	
B…che	Laus	Läuse
R…me	Bauch	

3 Markiere **au** ❶.
Schreibe ❷, ❸ und dann ❹.

❸	❷	❶	❹
Z äu ne	⟷ äu	Zaun	Zäune
F ____ ste	⟷	Faust	
Kr ____ ter	⟷	Kraut	
F ____ er	⟷	Feuer	

BB S. 180, BO S. 199

Wörter mit ß

1  Spure **ß** nach.

ß ß ß ß ß ß ß

  Schreibe **ß**.

 Schreibe das ganze Wort.

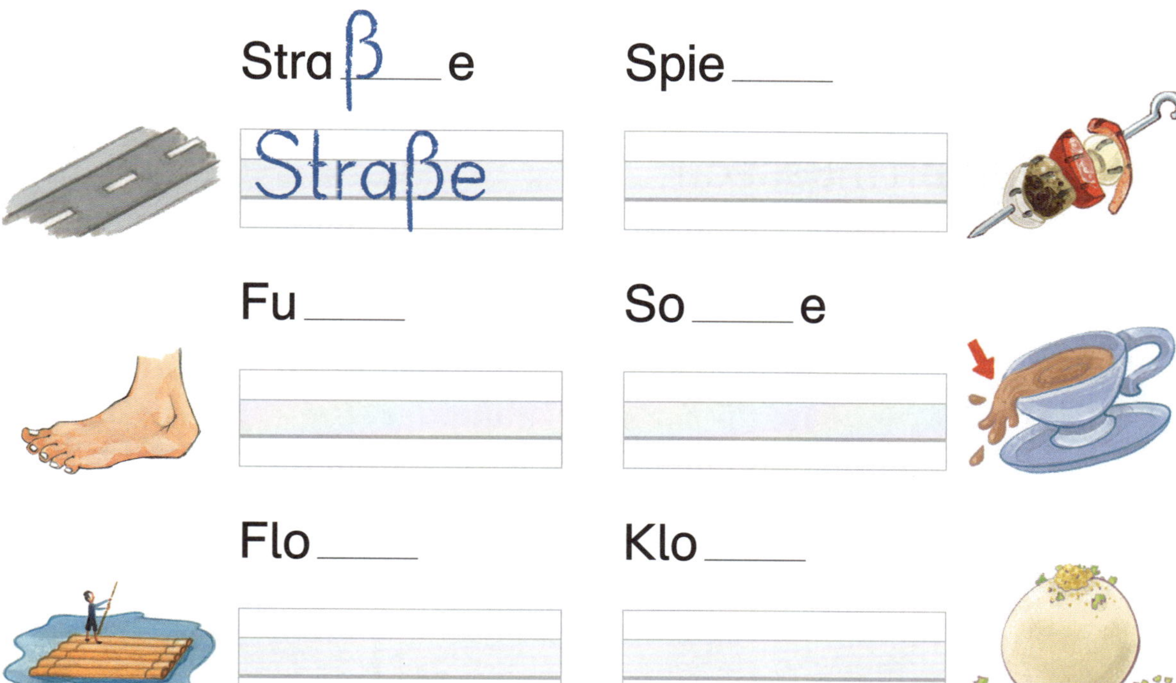

Straße
Straße

Spie___

Fu___

So___e

Flo___

Klo___

  Schreibe.

weiß • Strauß • groß

Die neue Hose ist zu __________.

Eisbären sind __________.

Ich pflücke einen __________ Blumen.

Das kann ich schon

Wörter mit ß

1 Markiere **ß** und schreibe die Wörter.

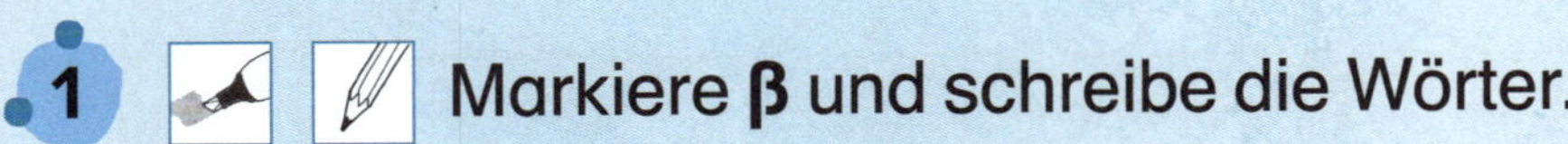
Klöße • gießen • heiß

Vorsicht, der Tee ist ______.

Oma kocht ______.

Blumen musst du ______.

Satzglieder kennenlernen

2 Schreibe Fragen.

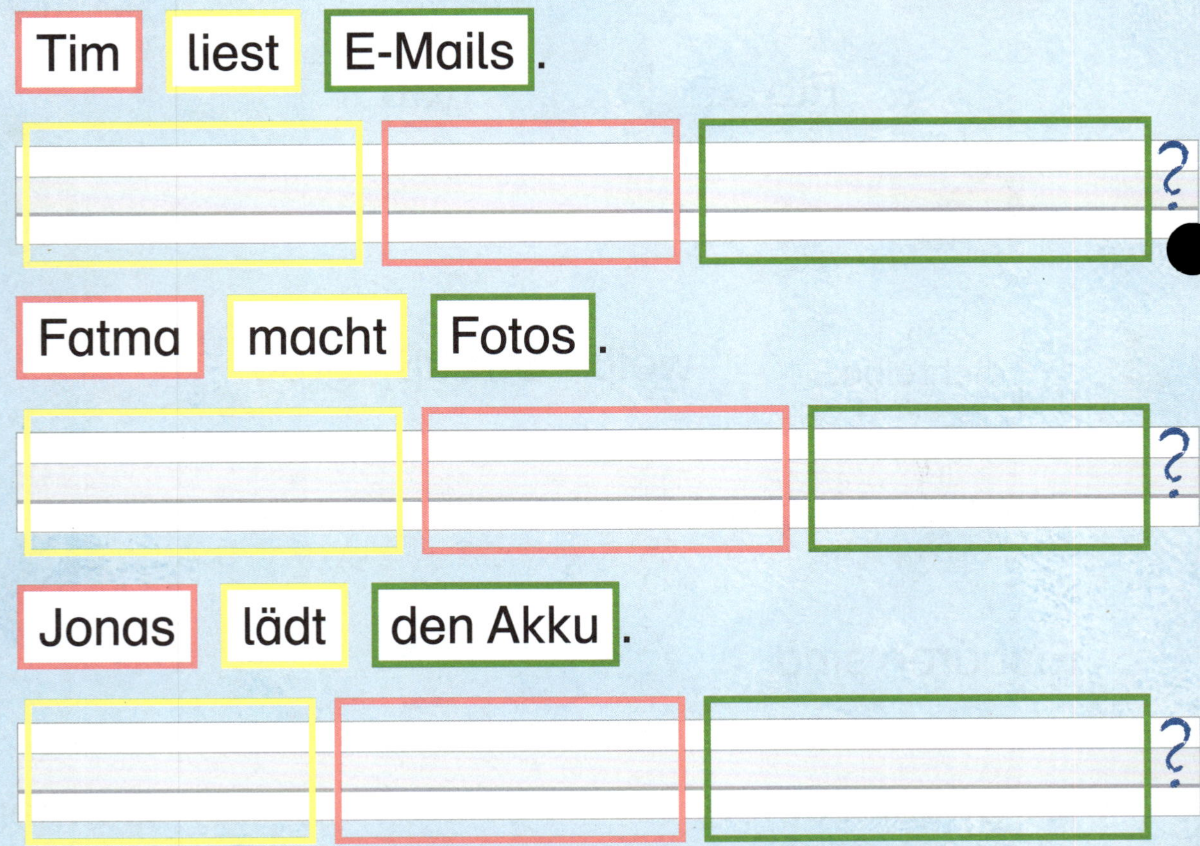
Tim liest E-Mails.

______ ______ ______ ?

Fatma macht Fotos.

______ ______ ______ ?

Jonas lädt den Akku.

______ ______ ______ ?

Diese Seite fand ich:
○ leicht ○ mittel ○ schwer